職認
場真
04

印度
如何培養出這麼多
全球化人才？

從日常生活、教育、政治看見印度的競爭力

桑吉夫・辛哈（Sanjeev Sinha）／著
葉廷昭／譯

目次

前言

擁有十二億五千萬人口的印度，現在是僅次於中國的人口大國；預估在二〇二一年的時候將會超越中國，成為全球人口最多的國家。象徵經濟規模的GDP（國內生產總值）在不久的將來也會超越日本，成為僅次於美國和中國的第三大經濟體。

不過，日本人還是不太瞭解這樣的大國。在日本生活的中國人將近七十萬，但印度人只有兩萬五千人左右。另一方面，在印度生活的日本人約莫七千人，前往印度經商的日本企業也才一千多家。日本企業在中國約有兩萬家，相較之下實在是太少了一點。

大家一聽到印度這兩個字，不曉得會先想到什麼呢？

一般人可能會聯想到「咖哩」，女性則會聯想到「瑜伽」吧，最近「ＩＴ」和「數學」之類的印象也越來越強了。然而，大部分的讀者想必覺得印度是「發展中的貧窮國家」。

確實，印度不像日本到處都有平坦的道路，水龍頭一打開也沒有乾淨的自來水可飲用。如今每三個印度人中，就有一人過著沒有電力的生活，每天生活水平不到兩美元的貧困階級，占了印度人口的七成以上。據說印度有全世界一半的貧困人口，這話一點也不誇張。

相對地，印度也有富甲天下的有錢人，他們有錢的程度甚至超越了軟銀的創辦人孫正義先生，以及憑著「優衣庫」打響名號的迅銷創辦者柳井正先生。而且，印度企業的透明度不比日本，所以還有很多隱性的富豪，印度這個國家的貧富差距是讓人無法想像的。

印度最大的特徵就是凡事落差懸殊，就跟極端的貧富差距一樣，並且極富多樣性。所謂的「多樣性」只是好聽話罷了，說穿了純粹是「一團亂」。

有人說，印度就像歐洲諸國集結成的國家，歐盟共有二十八國，印度則有二十九邦。這些邦就跟歐洲各國一樣，都有獨自的文化和歷史。再者，各邦所操的語言也不同，這一點也跟歐洲各國一樣。

印度的通用語是印度語，但真正會說印度語的，只占全印度的一半人口。不同邦和地區有獨自的語言，仔細想想，印度能統整為一個國家是很不可思議的事情。

過去二十年印度發生了重大的改變，我想印度跟中國一樣，稱得上是全球變化最大的國家之一。印度改變的契機源自於一九九〇年代的經濟自由化，還有ＩＴ產業的發展。由於經濟急速成長，過去被視為「全球最貧窮國家」的印度，在短期內成為名聞遐邇的「ＩＴ大國」。二〇一四年五月，印度實現了睽違十年的政權輪替。納倫德拉・莫迪成為新的印度總理，外界認為這次的政權輪替，會替印度帶來更多的變化。

我是在印度鄉下出生的，大學畢業後隔一年才到日本，進入日本的新創企業工作。那是一九九六年，我二十三歲時的事情了。後來我輾轉到外資金融機構上班，二〇〇八年創立了自己的公司，工作內容是促進日本和印度合作的顧問。公司的據點設立在東京，但我每年會到印度出差幾次，每次回去我都會被印度的改變嚇到。

一九九〇年代中期的印度，大都市的鬧區還看得到載運貨物的牛車，販賣蔬菜、鮮魚、咖哩的攤販也隨處可見。沒想到現在街上有法拉利和保時捷在奔馳，那些高級汽車連在東京都很罕見，城市裡也林立著現代化的高樓大廈。以前幾乎沒有穿西裝的印度人，最近拿著手機匆匆走過街道的商業人士也越來越多了。快速的經濟成長改變了都市的景觀和生活。

不過，法拉利旁依舊有牛隻漫步，高樓大廈旁也還是有貧民窟。這種劇烈的落差也只有當今的印度才看得到吧。

印度是個即將起步的國家，不管都市或鄉下都充斥著年輕人。日本已然進入超高齡化的社會，但印度的國民平均年齡才二十五歲左右，是個人口相當年輕的國家。

如果我們以國民間的貧富差距、多樣性、人口構成、經濟成長速度、組織的經營方式，日本和印度的各項要素都形成了強烈對比。我個人認為，替這兩個性質迥異的國家牽線，是我的使命。我對印度和日本都有一定的瞭解，我想把日本的優點告訴印度人，也想讓日本人瞭解印度的可能性。

從我這個印度人的角度來看，印度在各方面都是個「很厲害」的國家。究竟印度發生了什麼事情？印度人又在想些什麼？我會回顧自己的過去，說明印度經歷過的重大變化，同時闡明印度現在的情勢。

第一章
全球化人才源自多樣性

微軟新執行長是印度人

日本的大學和企業都在疾呼「培育全球化人才」，意思是要培養出在世界舞台上發光發熱的日本人。

其實日本人已經有很多全球化人才了。例如在運動的領域，日本不斷培養出優秀選手到美國大聯盟比賽，在歐洲踢足球的日本選手也不少。另外，在科學等基礎研究的領域，日本也有好幾個人得過諾貝爾獎。這在印度是難以想像的事情。

不過若只看商業領域的話，在國際舞台上活躍的印度人或許比日本人還多。

二〇一四年二月，出身印度的薩蒂亞・納德拉先生獲選為微軟的執行長（最高級的經營負責人），當年四十七歲的納德拉先生來自印度南部的海德拉巴。他在印度國內的大學畢業後，到美國取得兩所名校的學位，分別是威斯康辛大學的電腦科學碩士學位，以及芝加哥大學的ＭＢＡ（經營管理學碩士）。畢業後他直接留在美國工作，從一九九二年開始在微軟任職超過二十年。

我跟納德拉先生一樣都是四十多歲，他的人生經歷在我們那個世代是典型的「菁英」路線，所謂的菁英路線是指大學畢業後離開印度，前往美國的研究所深造，並在當地的企業或研究機構任職。我的大學同學之中，也有很多人跟納德拉先生走上一樣的道路。他們在美國累積了深厚的工作經驗，陸續當上跨國企業的幹部。「微軟執行長」的頭銜雖然引人矚目，但納德拉先生並不是「突然出現的特例」。

在他之後也有很多優秀的印度人才到美國留學，人數隨便一數都超過一百萬人。

美國大學的教育水準號稱世界頂尖，但印度人有「英文」這項武器。印度國內的理工大學多半用英文上課，因此印度人就讀美國研究所，也不必辛苦學習英文。

對於充滿野心的印度人來說，美國是個再適合不過的環境了。那裡不計較出身的國家和人種，有能力的人都有機會出人頭地。美國是有名的「民族大熔爐」，印度人也是在極富多樣性的印度成長的，所以能夠適應美國不同的文化。

現在，在美國的印度留學生差不多有十萬人。聚集了全球優秀學生的哈佛商學院的院長，也是印度人尼汀．諾里亞先生擔任的。順帶一提，到日本留學的印度人大約才五百人左右。

矽谷教父康瓦爾．雷基

說到旅美的印度人，大家就會聯想到「矽谷」。矽谷這個地方誕生了許多ＩＴ產業的中堅企業，當中也包含傳奇經營者史蒂夫．賈伯斯先生創立的蘋果電腦。印度人在科技之城矽谷立下了很大的功勞。

昇陽電腦是矽谷最具代表性的企業之一，印度的比諾德．科斯拉先生為該公司的共同創辦人。每八家矽谷企業就有一家是印度人創辦的，科斯拉先生更是當中翹楚。

其中還有一位被喻為「矽谷教父」的印度人，他就是ＩＴ企業「Excellent」的創辦者，現為創投資本家的康瓦爾．雷基先生。

雷基先生在印巴分治的兩年前，也就是一九四五年誕生於現今的巴基斯坦地區。雷基先生和科斯拉先生，算是我在印度理工學院的學長（印度理工學院簡稱ＩＩＴ，哈佛商學院的院長諾里亞先生也是我學長）。關於印度理工學院稍後再談，總之那是一間提供美國許多優秀理工人才的名校。

雷基先生從印度理工學院畢業後，在一九六〇年代後期前往美國。他算是第一代前往美國尋求活躍舞台的印度理工人才。

如今許多留美的印度人都有獲得獎學金，但在雷基先生留美的時代，美國普遍對印度人的評價不高，獎學金的制度也沒有現在這麼完善。因此，雷基先生從事各式各樣的打工辛苦完成學業。他在密西根理工大學習得電腦專業後，一九八二年在矽谷創辦 Excellent。該公司成功將網際協定商用化，創業五年後就在納斯達克上市了。這是印裔創業者的公司在納斯達克上市的首例，後來雷基先生以超過兩億美金的價格賣掉公司，成為了美國的億萬富豪。他的成功也帶給許多印度人勇氣。

我個人也和雷基先生有親交，他創辦了一個叫「TiE」的組織來協助印度的創業家。二〇〇八年我在東京幫忙創立分部，就跟雷基先生建立起深厚的關係了。以美國為主要活動地點的 TiE，總共有超過五十個分部，日本是他們第十二個設立分部的國家。

有本事在異國孤身闖出一片天的雷基先生，性格也非常剛毅。他在演講中很常談到「破壞性的創造」一詞，破壞性的創造是指毀掉現有的系統，開闢出一條全新的道路。

他對日本的看法十分嚴峻，他認為日本長期陷入經濟低迷的狀態，卻沒有「破壞性的創造」。我的意見跟他略有不同，日本保有自己獨特的做事方法沒有什麼不好。畢竟「延續性」才是日本的強項，我不贊成任何事情都要「破壞」。我跟雷基先生一起搭機前往九州時，還在飛機上激烈辯論過呢。

「在國際會議上，勸日本人發言和勸印度人閉嘴是最困難的事情。」

光看上面這一則笑話，大家就知道印度人有多喜歡議論了。而且，除非對方真的講得合情合理，否則我們不會改變自己的觀點。說到印度最喜歡議論的代表性人物，雷基先生絕對當之無愧。

跟這種值得尊敬的前輩舌戰，對我來說是很愉快的體驗。可是，他完全不會改變自己的看法，若沒有這份堅定的意志，他也無法在美國嚴苛的商業環境下成功吧。

旅外印度人並不拘泥於印度

事實上，TiE東京分部暫時關閉了，這跟旅美印度人的複雜情感也有關係。

本來TiE是「The Indus Entrepreneurs」的簡稱，把象徵印度的「印度人」和「企業家」湊在一起。然而，一段時間後組織內部打算去掉「印度人」一詞。

很多旅美的印度人拋棄「印度人」的身份，徹底當一個美國人融入當地社會。他們認為自己是「美國人」，不是「印度人」。TiE中很多人都有類似的想法。

他們喜歡「美國」「矽谷」「全球化」更勝於「印度」。因此，他們不喜歡跟「印度」息息相關的「印度人」一詞。而這些人的意見占多數，「TiE」就從簡稱變成正式名稱了。不知道原委的人還以為這是創業家集團，跟「印度」一點關係也沒有。

後來，負責經營東京分部的我也接到聯絡了，既然 TiE 的名稱要變更了，那麼東京分部的章程也要去掉「印度」一詞。問題是，這樣日本人就不瞭解 TiE 的「賣點」是什麼了。分部剛創立的時候，有很多日本的媒體爭相採訪，因為日本人希望跟「印度」攀上關係。實際上召開組織會議時，不管在世界上的哪個城市開會，與會的幾乎都是印度人。我就不能理解為什麼要隱藏「印度」這個字眼。

同一時間，我在日本積極舉辦印度理工學院的校友會活動。我利用辦活動的機會召開日本與印度的國際會議，提升日本人對「印度」的關切度。也多虧我的方法奏效，日本與印度終於有互相瞭解的機會了，可惜 TiE 不肯打出「印度」的招牌，我在日本辦活動也沒意義。如果只是要接觸美國創業家組織，日本人有更多其他的管道。最終，TiE 本部與東京分部的認知一直有代溝，TiE 就暫時停止在日本的業務了。

從這則故事我們不難發現，旅外的印度人並不拘泥於「印度」的身份。住在美國就遵從美國的規矩，在矽谷創業就依照矽谷的方法辦事。印度人重視如何在異文化中順利生活，更勝於印度人之間的聯繫。講好聽叫適應性奇高，容易與當地同化。

這也是印度培育出許多「全球化人才」的一大原因吧。由於印度人不計較自己的出身，在異國人才雲集的環境中也特別容易被接納。

實際上，很多印度人都在大型跨國企業中擔任經營高層，而且不只限於IT或高科技產業。例如全球大型顧問公司「麥肯錫」的代表，拉傑特．古普達先生；電信機具大廠「諾基亞」的執行長則是拉吉夫．蘇里先生；德國銀行的共同執行長安舒．詹恩先生，皆是如此。另外，高盛和其他大型金融機構中，也有很多印度人擔任總經理，這個職位在日本就相當於常務董事。

在國際環境中發揮「個人」實力，正是印度人的一大特徵。

全世界多達三千萬人的印僑網

據說旅外印度人有兩千五百萬到三千萬人，中國「華僑」組成的海外同胞網相當有名，印度的「印僑」同胞網數量也有一定規模。

我們來看不同國家的印僑數量，美國的印僑有兩百八十萬人，印度過去的宗主國英國則有一百四十萬人，新加坡有六十萬人，澳洲也有四十萬人，世界各個國家都有印僑。另外，印度旁邊的尼泊爾也有四百萬的印僑。

那些有大型印度人社群的國家，以前幾乎都是大英帝國的一部分。印度過去遭受殖民統治時，許多印度人被送到英國和其他殖民地擔任勞動力。所以非洲、澳洲，乃至馬來西亞、緬甸等亞洲國家都有越來越多印度人。

這些印僑的子孫，也有不少人成為當地政治領袖。例如前新加坡總統塞拉潘・

納丹，還有千里達及托巴哥、模里西斯等國家都有印僑當過總理。最令人意外的是，日本熟悉的馬來西亞總理馬哈地也是印僑。他的父親是來自印度喀拉拉邦的移民後裔。

美國路易斯安那州州長鮑比．金達爾，也是印度移民的第二代。只是，美國的印度人社群的成立經過，跟那些以前受大英帝國支配的國家不同。美國印度社群的成立時間較短，而且是自願前往美國的印度人在一九六〇年代組成的。康瓦爾．雷基先生就是那樣，不少人在印度都有受過高等教育。

到了一九九〇年代，就讀美國研究所的印度人急速增加，也差不多是印度經濟開始自由化，還有外資企業進入印度的時期。當時也受到ＩＴ浪潮的影響，美國開始頒給印度人獎學金來確保人才。

在東南亞，許多國家都有華僑當上領導者。另外，就經濟層面來說，華僑的存在感也特別突出。話雖如此，印度人的活躍舞台不只在亞洲，許多跨國企業的幹部都是印度人，這一點是跟華僑不同的地方。

華僑和印僑還有一個很大的差異，就是印度人的凝聚力比較弱。世界各大主要都市幾乎都有中華街，但印度人很少經營「印度街」。誠如前述，印度人有跟當地同化的傾向。

在企業中服務的印度人也是如此，進入美國企業就適應美國的方法，進入日本企業就按照日本的手段。跨國企業之所以會重視印度人，大概是喜歡印度人不拘泥於「印度流」的特性吧。在多國籍員工一起工作的環境中，印度人經常擔任連接眾人的「橋樑」。

不過反過來說，這也是印度人的一項弱點，印僑之間的聯繫遠不如華僑。近年來由於網路普及，一部分印僑有透過商業行為互動，但彼此的聯繫仍舊沒有華僑來得深厚。全世界的印僑雖有三千萬人，卻是各自為政的狀態。印度人單打獨鬥很厲害，但不具備組織性，個人主義是印度人的優點也是缺點。

國內語言將近八百種

為何印度有這麼多「全球化的人才」？最常聽到的答案是「印度人很擅長英文」。不可否認地，受過一定程度教育的印度人都會英文。那麼，為什麼很多印度人都擅長英文呢？

英文在印度是僅次於印度語的第二通用語，印度國內的很多大學都是用英文上課的。尤其理工大學多半是用英文，有錢人家的子弟幾乎從小學就進入英文私校就讀。不少人在家中也是說英文，擅長英文就可以到美國或英國流學，進入歐美企業高就。

對印度人來說，英文不單是前往海外求學或求職的手段。想在國內接受高等教育或進入一流企業上班，也同樣需要英文。

印度在各方面都是充滿多樣性的國家，語言也不例外。光是政府公認的語言就有大約二十種，包含方言在內就有超過八百種以上的語言。國家的第一通用語是印度語，但各邦有不一樣的通用語。印度語圈只限於印度北部，從整體來看，懂印度語的人口只有一半而已。

有些小孩子的雙親都是印度人，但父母的出身地差異太大，小孩子就會學到兩種不同的語言。印度有很多小孩從出生起，就享有多語的生活環境。

大企業的通用語是英文

我生長在印度西北方的拉賈斯坦邦，那裡的通用語是印度語。話雖如此，當地使用拉賈斯坦語的人比較多，所以我小時候跟父母說印度語，跟鄰居的朋友用拉賈斯坦語交流。

學校教育從小學到高中都是印度語，近年來英文私校在印度很受歡迎，但我的故鄉沒有用英文上課的學校。不過，我想就讀的印度理工學院是用英文考試。為了讓自己習慣英文，我從高中時代參加各邦實施的會考，就是用英文作答。高中也有英文課，但大部分都是我自學的。

印度理工學院的課程也是用英文上課，我跟大學朋友都是用英文交談。印度理工學院的學生來自全國各地，很多學生都不會說印度語，就某種意義來說，這跟到英語國家留學沒什麼兩樣。

印度大企業的通用語也是英文，這一點跟許多大學一樣。企業內部開會或寫信，也全部是用英文。

使用印度語的地區主要在印度北部，印度南北之間缺乏歷史和文化的聯繫，有點像是不同的國家。印度語走到南部幾乎是說不通的，印度南部最多人使用的是坦米爾語，再來是康納達語、泰盧固語、馬拉雅拉姆語，在南部是以這四種語言為主。印度語和拉賈斯坦語都是北部語言，語種比較相近，坦米爾語就完全不一樣了。這兩者的差異就好比英文和法文的差異一樣。

北部和南部的分界，從地圖上來看是德干高原的下面，北部最南邊的地方是面朝阿拉伯海的孟買，內陸的海德拉巴是南部最北邊的地區。

印度有南北對立的歷史，因此南部強烈反對用印度語作為通用語言，過去也多次發起反對印度語的運動。印度各邦的自治權極強，國家也沒辦法強迫各邦使用印度語。是故，印度語雖貴為通用語言，卻沒有推廣到南部。

不過近年來，印度語在南部也漸漸普及起來了，最大的理由是「電影」。印度人很喜歡看電影，大部分電影都是印度語或坦米爾語。十幾年前在日本很有人氣的電影「木圖，跳舞的大君」是坦米爾語拍成的，但最近大部分電影都是印度語。透過電影的宣傳，南方的印度人也開始習慣印度語了。

順帶一提，電視上播放全國新聞是用英文，地區新聞則是用各邦慣用的語言。國會辯論基本上是用英文，但有些議員顧慮到地方上的有力人士，會刻意使用方言。

窮人必需學英文

印度人擅長英文，跟印度的「貧困」脫不了關係。印度人有很多「逼不得已」接觸英文的機會，這一點跟日本還有其他先進國家不同。

我剛來日本的時候，看到電視台播放的歐美電影時大吃一驚。片中每一個演員講的都是日語，在印度很少有外國電影會用印度語配音的。

書籍也一樣，在日本你可以閱讀到翻譯的歐洲專業書籍。但在印度，只有少數的歐美哲學或古典文學有印度語版本。理工的專業書籍大多只有原典，我在準備大學考試的時候，也是一手拿著英文字典硬啃專業書籍的。

在印度打開電視也常聽得到英文，例如迪士尼動畫很受小朋友歡迎，但電視台只會播放美國英文版。對困難的專業書籍沒興趣的小朋友，在這種環境下也會很自然地習慣英文。

跟印度相比，日本是個非常富裕的國家。包含書本、電影、電視節目，任何東西都有日文版的可用。這對印度人來說是很羨慕的環境，但換個角度思考，這等於是透過「日文」這種濾鏡在接觸海外文化。從學習英文的層面來看，日本人反而比印度人更不利。

當然，也不是每一個印度人英文都很好。就算有電視和其他接觸英文的媒介，還是需要付出努力才有辦法進步。如果只在家鄉生活，使用當地語言也不會有任何不便。不過，對於想擺脫貧窮的印度人來說，英文具有很重要的意義。

大部分印度人仍舊過得很貧困，懂英文就等於找到一條脫離貧困的康莊大道。沒有大學文憑的人只要懂英文，同樣有機會到大企業的客服中心任職。如此一來，要晉升中產階級也不再是天方夜譚。雖說「需要為發明之母」不是這樣用的，但英文是印度人獲得富足生活的必備工具。

白印度人和黑印度人

十二億五千萬的印度人分住在印度的二十九個邦，幾乎所有的邦人口都達上千萬，北方邦的人口更是高達兩億。從人口規模來看，各邦都可以當成一個國家了。

印度國境在不同時代也大有差異，就像現在的阿富汗到緬甸、泰國一帶曾經同屬一個國家，反之也有領土分裂成很多國家的時代。目前印度的國境是在一九四七年畫分的，當時印度脫離英國獨立，和崇尚伊斯蘭教的巴基斯坦分離，組成了現今的印度。

從這段複雜的歷史我們不難發現，同樣是「印度人」也有各種不同的類型。這就好比我們國內使用多種語言一樣，不同地區的人種也不盡相同。

人種的差異在膚色上也看得出來，通常大家聽到「印度人」就會聯想到褐色的皮膚。確實，印度最多的是印度斯坦人，他們都是褐色的皮膚。印度斯坦人主要位在北方邦等北部地區，我自己也是印度斯坦人。不過，同為北部地區的旁遮普邦，多半是從歐洲經由伊朗來到這裡的雅利安人，他們的皮膚和白人沒什麼兩樣。阿魯納恰爾邦與中國為鄰，中國宣稱他們也有這塊地方的所有權，該地的人民多半是跟日本人神似的蒙古人種。南方則是膚色最深的達羅毗荼人居住的地區，達羅毗荼人是馬來西亞和新加坡等地的印度社群的主體。

印度各邦之間貧富差距頗大，我的故鄉拉賈斯坦邦在北部也算是貧窮地區。拉賈斯坦邦的雨量稀少，土壤也不肥沃，直到最近才發現有蘊藏石油，但過去並沒有什麼天然資源。因此，很多居民以往是跟鄰近的巴基斯坦交易維生，也多虧有這種經商的傳統，拉賈斯坦邦孕育出了大型的財閥。印度三大財閥之一的「比爾拉」，以及世界最大的鋼鐵公司「米塔爾（現為安賽樂米塔爾）」的創辦人，拉克希米・米塔爾都是拉賈斯坦邦出身的。

東北方的比哈爾邦比拉賈斯坦邦更加貧困。恆河流經此地，是適合從事農業的地區，過去也相當富庶。不過隨著人口急速成長，又沒有搭上經濟成長的順風車，一億人口的絕大多數都很貧困。

相對地，北部地區也有快速成長的例子。例如納倫德拉・莫迪總理長年來治理的古吉拉特邦。古吉拉特邦在莫迪先生的治理下完成重大發展，如今已是人人稱羨的地區了。

過去古吉拉特邦也很著名，因為那裡有很多渡美的移民。古吉拉特邦出身的移民中，不少都跟美國小型汽車旅館的經營有關。同一個國家的移民通常都做相同的職業，古吉拉特邦的移民以經營「汽車旅館」為主流。有很多古吉拉特邦的人想依靠已經移民的家人或親戚進入美國，美國還曾經禁止姓「巴迪爾」的印度人入境，因為古吉拉特邦的人很多都冠這個姓。

印度教與伊斯蘭教對立

印度的宗教也十分多元，百分之八十的人口是印度教徒，伊斯蘭教占百分之十三，基督教和錫克教占百分之二，佛教占百分之一，國內有各式各樣的宗教並存。

瑣羅亞斯德教的人口不多，但在商界有不小的影響力。瑣羅亞斯德教徒本為伊朗畜，多半居住在印度最大的經濟都市孟買。印度最大的財閥「塔塔集團」，以及同樣知名的「高德瑞治集團」，其族人也都是瑣羅亞斯德教徒。

印度最多人信仰的印度教，是一個自由又包羅萬象的宗教，教義包含了印度傳統哲學和價值觀，還有對自然的崇拜，甚至很難說是一門「宗教」。比方說風行到日本的瑜伽，或是印度傳統醫學阿育吠陀療法，就廣義上來說也是印度教的教義。在印度，佛教也被視為印度教的一支。

印度教既沒有教祖，也沒有基督教或伊斯蘭教那樣的教義，而且也缺乏組織。在伊斯蘭教傳入印度以前，人們也沒意識到那是「宗教」。就某種意義來說，或許跟日本的神道有點類似吧。日本人在新年會去神社拜拜，不會忘了尊重自然和敬仰祖先。這就好像過去的印度人沒把印度教視為宗教，以前的日本人也沒把神道視為「宗教」吧。

另一方面，宗教在印度一直是對立的火種。錫克教徒眾多的旁遮普邦，在一九八〇年代試圖脫離印度獨立，引發了英迪拉・甘地總理的暗殺事件。英迪拉總理阻止旁遮普獨立，而被錫克教的保鑣暗殺，宗教對立的狀況瞬間惡化。宗教引發國家動亂，這在日本是絕對無法想像的。

莫迪總理並非「基本教義派」

二〇一四年就任印度總理的納倫德拉・莫迪先生，被部分的歐美媒體貼上「印度教至上主義」（譯注：或稱印度教民族主義）的標籤。有人認為莫迪政權的誕生，造成印度教徒與伊斯蘭教徒的關係惡化。

之所以有這種看法，主要是二〇〇二年爆發了「古吉拉特邦襲擊事件」，那時候莫迪先生剛當上古吉拉特邦的首長。焚燒列車的恐怖攻擊行動，引發了印度教徒和伊斯蘭教徒的激烈抗爭。莫迪先生沒有出動警察，導致許多伊斯蘭教徒死亡。

不過，我認為莫迪先生並非「印度教至上主義者」，他是重視經濟發展的實利主義者，作為一個政治家的應對進退也很得宜，既不信奉「至上主義」也不是「基本教義派」。

印度的印度教徒，一直以來欠缺有效統合。這跟英國殖民政府採取分斷統治也有關係，過去英國害怕印度教徒叛亂，便採取了分斷統治的手法。莫迪先生大概是吸取了歷史教訓，想帶動印度團結吧。所以，部分歐美媒體才會給他貼上「民族主義者」的標籤。

確實，「印度教至上主義者」是存在的。他們否定歐美的文化和價值觀，甚至主張應該廢除情人節。然而，這樣的主張沒有受到太多人支持。現在印度經濟逐漸成長，人民的生活也慢慢改善，印度教至上主義這種極端的主張，是推廣不起來的。

「種姓制度」

說到印度，相信不少讀者都會想到「種姓制度」。不可否認地，印度人長久以來受到種姓制度的支配。

相傳，種姓制度始於西元前十三世紀。歐洲的雅利安人稱霸印度後，替印度人畫分不同的身份與階級。

種姓制度大致分為四種階級，最上位的是祭司所屬的「婆羅門」，再來是王族和戰士所屬的「剎帝利」，再下來是商人或技工所屬的「吠舍」，以及從屬階級「首陀羅」。而在各階級中，不同職業又有細分各種階級。小孩只能從事父母的職業，跟同階級的對象結婚。

種姓制度對統治者來說是非常好用的制度，有了分化國民的手段，就不會引起大規模的叛亂了。再者，也可以保持國民之間的力量平衡。

比方說，神職人員和教師也包含在「婆羅門」之中，他們並不富有，只是在社會上備受尊崇。軍人所屬的「剎帝利」不如「婆羅門」，卻有政治影響力。相對地，屬於「吠舍」的商人握有經濟實力。

印度獨立四年後，也就是在一九五一年的時候，憲法明定禁止種姓歧視。問題是，種姓制度從西元前就存在了，即便憲法明令禁止，種姓制度也還是深植在印度社會中。現在印度仍然擺脫不了種姓制度的影響，軍人多半還是「剎帝利」出身，經營美容院的人，也多是理髮業種姓「奈人」的子孫。

在鄉村地區種姓制度的影響就更嚴重了。你在鄉下搭乘長途列車，旁邊的旅客還會問你是什麼種姓的，他們甚至不認為種姓制度有什麼不對。

反之，大都會對種姓制度的看法又跟鄉下不一樣。如果企業敢問應徵者的種姓，那會引發很嚴重的問題，搞不好會被告上法院，支付巨額的賠償金。中央政府也推出各種政策消除種姓制度，例如提供某些種姓特別的優待，凡事符合資格的種姓，參加大學或公家機關考試都享有優待。提升低種姓人民的社會地位，已經是國家的一大政策了。我過去就讀的印度理工學院，也有提供特定種姓的入學名額。

印度有種姓歧視是不爭的事實，低種姓的人被捲入危險的案件中，警察不願意認真搜查的情況屢見不鮮。

另一方面，「種姓制度」也有政治上的利用價值。有些政治家會答應把某個種姓列入優待清單中，來爭取他們的選票與支持。優待清單就形同既得利益的溫床，人們為了獲得優待，有時候還會發起抗議運動和暴亂。

我念印度理工學院時，跟朋友聊天幾乎不會提到「種姓制度」，我們也不知道自己的同學是什麼種姓。大家沒有刻意避開這個話題，純粹是在都市生活的年輕人，對種姓制度不感興趣罷了。

我也不清楚自己是什麼種姓，聽說我的祖先從事「會計」工作，主要幫「剎帝利」管理資產。照理說是有「會計」的種姓，但我不曉得屬於哪一個層級。

「舊印度」與「新印度」

當今的印度有兩個不同的世界，就好比鄉下和大都市對種姓制度的看法不同一樣。這兩個不同的世界一者是「舊印度」，一者是「新印度」。

「舊印度」依然受到種姓制度的束縛，人們使用的是當地的方言，懂英文的人不多。教育水準也不高，從事農業的人占大多數，經濟效率一直沒有起色，生活也很貧困。

「新印度」則以大都市為中心急速向外擴展。「新印度」不計較種姓制度，看重的是個人實力而非出身。人們有機會接受高等教育，懂英文的人也不少。在

ＩＴ、通訊業等高科技產業工作的中產階級，就是新印度象徵性的存在。只是，不是所有住在大都市的人，都屬於「新印度」的一員。住在貧民區的人，還是擺脫不了「舊印度」的生活。

從印度整體來看，七成以上的人口還是屬於「舊印度」。不過，「新印度」在經濟上的存在感不容忽視。國內生產總值（ＧＤＰ）的七到八成，都是「新印度」創造的。

今後，「新印度」的範圍會越來越大。印度每年有兩百萬的大學畢業生，理科生就高達三十萬。這些受過高等教育的人才，等於成功加入中產階級，成為「新印度」的一份子。

直到一九八〇年代，「舊印度」的人口還是占絕大多數。當時採行社會主義的經濟模式，接近鎖國的狀態。一九九〇年代開始經濟自由化，印度也跟世界接軌了。除了有來自外國的投資和外資企業，印度的海外貿易也增加了。「新印度」順

舊印度與新印度

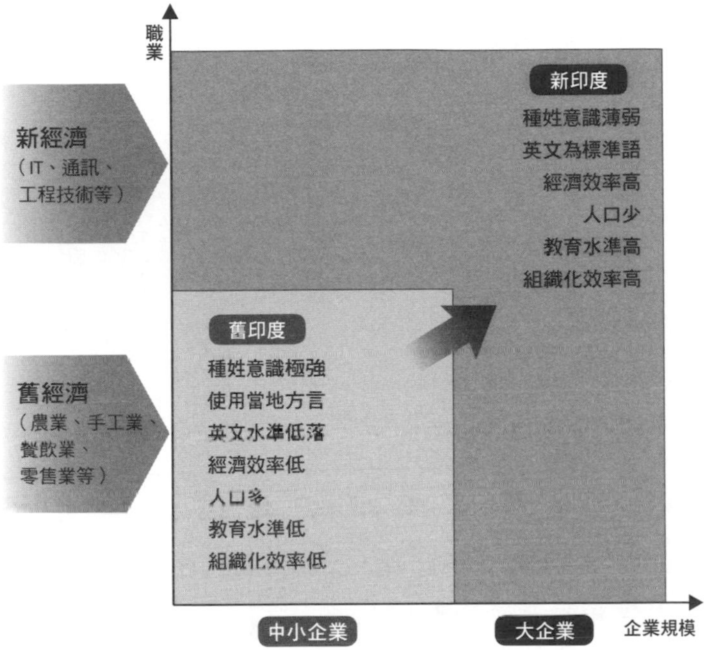
職業
新經濟
（IT、通訊、
工程技術等）
舊經濟
（農業、手工業、
餐飲業、
零售業等）
新印度
種姓意識薄弱
英文為標準語
經濟效率高
人口少
教育水準高
組織化效率高
舊印度
種姓意識極強
使用當地方言
英文水準低落
經濟效率低
人口多
教育水準低
組織化效率低
中小企業
大企業
企業規模

著這股潮流，建立了一個雛型。

過去印度尚未經濟自由化，龐大的人口純粹是負擔。國家的經濟效率極差，沒辦法充分養活所有的人民。好在「新印度」逐漸成長，人民的購買力提升，印度的市場魅力也跟著上升了。來自海外的投資增加，對國內的產業培育有很大的貢獻。

印度的「人口素質」也提升了，跟九〇年代以後的經濟發展成正比。本來是「負擔」的龐大人口，也轉變成國家的「資產」了。

印度獨立以後，一九五一年人民的識字率才百分之十八，現在提升到百分之七十五了。跟日本這一類的先進國家相比還不算高，但對印度來說是很驚人的進步了。

這些進步都是拜「教育」所賜，日本最近也開始對印度式教育感興趣，究竟印度採行的是何種教育方式呢？在下一章的內容中，我會以自身經驗來闡述印度的教育。

第二章

理工人才是這樣培育出來的

沒有水電可用的少年時代

一九七三年，我出生在印度西北方的拉賈斯坦邦，一個叫作巴爾梅爾的城市。拉賈斯坦邦與巴基斯坦相鄰，巴爾梅爾距離邊界才一百公里左右。

印度的行政體系是這樣的，各邦受到國家管轄，而各邦底下又有縣、市、鄉鎮。巴爾梅爾是巴爾梅爾縣政府的所在地，各位看我這樣寫，或許覺得跟日本的地方都市有點像對吧，但在我小的時候，巴爾梅爾地區最高的建築才三層樓，是個十分偏僻的鄉下，跟其他區域相比也是很貧困的地區。

一九七〇年代到八〇年代的印度鄉下，人們過的是什麼樣的生活呢？在探討「教育」以前，我想透過自己平凡的出身來描述一下這件事。

我們一家共有四口，分別是我、父母，還有大我四歲的哥哥。父親畢蘭德拉．

庫瑪在國營企業擔任庫存管理，經常調派到外地工作，有很長一段時間不在家。母親兀沙．拉妮是小學老師，那個年代很少有女性跟她一樣大學畢業。因此，母親在鎮上算小有名氣。

「兀沙．拉妮老師的兒子。」

小時候鄰居都是這樣稱呼我的，母親是我的驕傲。

母親任教的學校，在二十五公里外的村落。那間小學的老師只有母親一個人，母親每天早上三點半起床，替我跟哥哥做完早餐後，還要走兩公里去趕搭六點的列車，早上的列車只有一班而已。

當時印度人對女性有很嚴重的歧視，一個女人家當老師是很罕見的事情，母親想必也受到不少差別待遇，只是她沒有說出口而已。

父母都是北方邦出身的，會移居巴爾梅爾也跟父親的工作有關係。人在外地舉目無親，父親又經常不在家，母親吃了不少的苦。

巴爾梅爾的周圍是沙漠地帶，土地本身不適合耕作，農家的數量卻是最多的。很多人成年後不得不離家找工作，從事「木工」的人特別多，全國甚至還有巴爾梅爾出身的木工組成的聯絡網。

我上小學以前住的房子，沒有水電可用，晚上還要點提燈照明，廁所也是跟鄰居一起共用的。房子是石造建築，雨天漏水很嚴重，但這已經算不錯了，附近還有很多用牛糞蓋的房子。

沙漠氣候的一大特徵，就是冷熱溫差極大。冬天時氣溫會降到零下，夏天則會飆出將近五十度的高溫，每年都有人被熱死，用手摸家裡的牆還會被燙到。我們就在酷熱的天氣中，過著連電扇都沒有的日子。

升上小學以後，我們搬到附近的房子，那是父親的公司提供的宿舍，有水電可用，但一個禮拜才供水一次，而且只有兩個小時。夏季乾旱的時候一整個月沒水可用，只好拿著水桶走二十分鐘，去跟家裡有大水塔的人家取水。日子雖然貧困，鄰居之間都會互相幫忙。

我就讀的小學，要從家裡走三公里才會到，沿途沒有巴士或列車。腳踏車是高級品，我上高中以前家人都沒買給我。我是走路去小學上課的，有的同學還得橫越十公里的沙漠來上學。

小學的校舍也是石造建築，夏天熱到沒辦法上課，大家都到樹陰下去念書。現在回想起來，我很佩服自己有辦法在那種環境生活。不過，在當時的印度這是很普通的生活水平。

為什麼印度很多人都是「七月一日生」

第一章我們有提到全球化的人才和多樣性的特質，印度的小孩在孩提時代就已經很習慣「多樣性」的環境了。

我就讀的小學，有很多不同年齡的同學。印度規定小學的入學年齡是「六歲」，但一九七〇年代的時候，六歲入學的孩子反而是少數。

班上大部分同學體格都比我高大，可能比我大三、四歲吧。很多小孩子都不知道自己生日是幾月幾號。

印度不像日本，沒有申請出生證明的習慣，戶籍制度也不完善，弄不清自己年齡和生日的大有人在。

事實上，現在印度鄉下還是有很多人的生日是「七月一日」。印度的新學期是七月一日開始的，不知道自己出生年月日的學生，就把開學日當成生日申報，這樣就剛好六歲了。

這一點跟貧窮也有關係，當時巴爾梅爾只有一半的小孩有機會上學。不少孩子必需幫家裡幹活，父母不讓他們去學校念書。這些孩子的父母也沒受過基本教育，不會讀書寫字，也不明白讓孩子受教育有何意義。他們認為小孩去學校念書，家裡就少了一個工作人口，反正小孩未來也要繼承家中農業，去學校念書根本是浪費時間。

校方的管理也很鬆散，學生在教室等老師來上課，老師卻常常蹺班沒來。在先進國家蹺課是學生的專利，印度完全是反過來的。

有些老師還會把要發給學生的教科書，偷偷拿去書店賣掉。當時念印度的公立小學不用繳學費，教科書也不必花錢。但有老師盜賣教科書，很多家長還以為送孩子去學校念書，要多一筆開銷。

有的鄰居看到沒上學的小孩，還會帶他們去學校去念書。只是，大人平時都用乳名稱呼小孩子，也沒人知道小孩子的姓名。這時候就隨便取個名字向學校申報，跟處理出生年月日的方式一樣。這些故事聽起來很荒唐，但當時印度鄉下真是如此。

初等教育普及是一場「寧靜的革命」

小學每一班有四五十個學生，打赤腳上學的小孩也不少。有錢人家的小孩就不同了，像縣政府幹部或大學教授的小孩，都是穿牛仔褲、T恤、運動鞋。在尚未經濟自由化的年代，美式穿衣風格是最時髦的造型了。

縣政府幹部的小孩家境特別好。我到現在都還記得，去他們家裡玩的時候我受到多麼大的衝擊。

那時候巴爾梅爾沒有電視機，訊號也不會傳來這種鄉下地方。然而，縣政府幹部的家裡有錄影機，我就坐在從未見過的柔軟沙發裡，緊盯著電視上的美國音樂影片。那是我有生以來第一次遭遇到的文化衝擊。

順帶一提，我們家一直到一九八〇年代後期才有電視，那是我念高中的時候。

電視頻道也只有一台，播放時間才四個小時，從傍晚到深夜。

印度有很多沒機會念書的窮孩子，也有生活富庶的有錢人家子弟。印度從那時候就是一個貧富懸殊的國家，而這樣的落差，也提升了孩子對「多樣性」的認知。

一九八〇年代以後，初等教育才在印度普及。當時在全國各地興建小學，是政府的一大施政方針。然而，有再多教育設施也沒用，父母的觀念不改變，小孩子還是沒機會念書。於是，「營養午餐」發揮了極大的作用。很多父母知道念書不用花錢，還有食物可以吃，才願意讓小孩子去上學。

教育設施迅速增加，這下換師資嚴重不足了。我高中時代的同學，幾乎都成為在地的小學老師。在那個年代，巴爾梅爾只有四分之一的學生就讀高中。高中畢業以後，一九九〇年代前後的印度也沒有合適的工作。沒有民間企業就沒有職缺，我的同學大多數都想當公務員。碰巧小學師資的需求大增，大家就一起當上老師了。

當時的總理英迪拉．甘地，其獨裁的政治手段受到不小批評。不過，推廣初等教育是莫大的功勞，國民的識字率提升，人力的「素質」也大有進步，這對日後印度的經濟發展有很大的幫助。我認為初等教育普及，對印度來說形同一場「寧靜的革命」。

印度人真的很擅長背「乘法表」？

印度的公立學校，基本上小學要念五年，中學要念三年，高中要念四年。跟日本相比小學少一年，高中多一年。但從小學念到高中畢業，都要花十二年的時間。

教科書種類由各邦政府自行決定。然而，印度是一個凡事都缺乏標準化的國家，就算有既定的準則，也不見得會被遵守。學生使用同樣的教科書，不同的老師也會教出大異其趣的東西。

小學的科目有國語（印度語）、數學、社會、科學，跟日本差不多。印度獨立之父甘地講究自給自足，在甘地的觀念影響下，小學也有紡紗織布的課程。日本小學不太會談的「宗教」，印度的小學也有教。老師會教印度教、伊斯蘭教、基督教等主要宗教的歷史，讓學生瞭解一些基本知識。

最近，日本很重視印度的數學教育。有人認為印度培育出大量理工人才，肯定是從初等教育時期就重視數學的關係。事實上，國家和各邦並沒有統一的課程。

大家都覺得，印度人可以背到十位數的乘法表。不過，也不是每一個印度人都辦得到，很多小孩子根本沒機會上學。我以前的小學同學，特別擅長數學的可以背到十九，我只能背到十四。我們不是在課堂上學到的，每個學生的程度也不一樣，並沒有固定的授課內容。英文也沒有固定課程，我就讀的小學每週有三堂課，其他學校的次數又各有差別。

只是，印度有重視數學的傳統。從西元前流傳至今的心算技巧「吠陀數學」，就是最好的證明了。婆羅門教是印度教的前身，當中的典籍就有記載這種計算方法，學成後就能輕易做出十位數的心算了。據說，零的概念和十進制也是印度人發明的。

對小孩子來說，「數學」也是生活中常接觸的東西，我以前也常跟朋友互相出題來玩。這主要是我們小時候缺乏娛樂，另一方面，數學對我們來說比較像是「猜謎」，而不是「功課」。這就好比日本的小學男生，只要擅長踢足球或打棒球就會受歡迎一樣。在印度，旁人對你的態度取決於你背「乘法表」的功力。要說這是文化差異也確實如此，但印度人很喜歡用數學問題玩遊戲，或是探討一些抽象的概念。

運動健將得不到尊敬

我們少年時代沒有運動的習慣，當時印度的學校也沒有類似日本的社團活動。只動「身體」不動「腦」會被看不起，靠體力贏過對手是得不到尊重的，絞盡腦汁駁倒對手的意見，才是了不起的事情。

奧運上幾乎沒有印度人奪牌，或許跟印度人的這種觀念有關係吧。印度人喜歡的運動，頂多只有板球、羽毛球、撞球、射擊等等。這些運動除了羽毛球以外，都不太消耗體力，而且幾乎都是個人競技。板球是團體競技沒錯，但也不必像足球那樣講究合作。遇到事情都要議論老半天的印度人，並不適合團體競技。

近來，板球的職業聯盟在印度很有人氣。隊伍有企業贊助，全國電視都有轉播比賽，頂級選手的年收似乎也有上億日圓的水準。可是，我小時候跟朋友一起踢足球，大人還會罵我們不長進，只顧運動以後找不到好工作。

日本的小學男生，多半都很嚮往職業的足球選手或棒球選手。儘管板球風行印度，印度少年還是缺乏這種嚮往的情懷。人們相信念好數學和其他科目，才能找到脫離貧窮的方法。

我的乘法表只背到「十四」的乘法，好在跟以前只會個位數的時候相比，我小小的心靈還是增添了不小的自信。十位數乘法對大腦的刺激，顯然比個位數乘法大多了，小學時代積極接觸數學，對我日後專攻物理學有很大的幫助。

小孩子的頭腦比大人想像的更靈活，當中蘊藏無限的可能性。小學時要多鍛鍊頭腦，不管是學九九乘法或英文，很快就學得會了。我認為日本的小學，在這方面可以編排更高度化的課程。

嚮往牛頓和愛因斯坦的理由

一九八〇年代的印度，職業選擇其實相當有限，既沒有嚮往的運動選手，民間的工作又少。像我這種對理科有興趣的小孩，頂多只想得到當科學家、醫生、工程師之類的。

當上工程師的話，就可以進入政府部門工作了。當時的印度，公務員是「貪污瀆職」的象徵。貪污瀆職在印度依舊是一大社會問題，但那時候情況更嚴重。前面有提到，縣政府幹部的小孩，小小年紀就享有富裕的生活，從這一點不難看出公務員貪污有多嚴重。

小時候我很討厭貪污的公務員，因此夢想成為一個科學家，牛頓和愛因斯坦是我嚮往的對象。我想當上科學家，靠自己的新發明或新發現，幫助貧窮困苦的百姓。只是，要實現這個夢想，我必需用英文參加大學考試。印度的理工大學，入學考多半用英文作答。

我一直到高中都就讀巴爾梅爾的公立學校，公立學校上課都用印度語。學校有英文課，但老師的英文程度不怎麼樣，純粹是照著教科書念而已，我只好自己學習英文了。

印度有國立的「中央學校」，那是在國內各都市設置的特別學校，經常在國內調職的政府相關人士，會送自己的小孩去那裡念書。中央學校從小學到高中都是用英文授課，也難得有一套完善的教育系統。立志自學的我，便購買中央學校的教科書來念了。

高中時代每年都有邦政府舉辦的統一會考，學生可以選擇用印度語或英文作答。為了準備大學考試，我選擇英文作答。在我就讀的高中，只有一個人選擇用英文考試。

我要考的印度理工學院，是一九五一年成立的。當年印度第一任總理尼赫魯提出了培養科學家和工程師的國家計畫，才下令創立這所大學。印度理工學院是印度首屈一指的學府，但我在高中畢業前一年都還沒聽過這間大學。

日本連小學生都聽過「東大」的名號。可是，過去印度的鄉下完全接收不到訊息，巴爾梅爾縣從未有人就讀印度理工學院。

連高中老師都沒聽過印度理工學院，這番話聽起來像在開玩笑，真的也是印度才會發生的事情。當我去跟老師報告，自己決定考取印度理工學院的坎普爾分校時，老師還很好奇為什麼我要去讀那麼遠的大學。印度理工學院位於北部中央的坎普爾，離西北方的巴爾梅爾非常遙遠，光是這個理由人家就覺得我很奇怪了。

日本的高中老師，會提供學生升學上的建議，印度可沒有這種好事情，至少在公立學校是無法要求的。學生得自己收集資訊，並且做出決定才行。

我用英文參加統一會考，也不是跟老師商量後才決定的，而是我自己打算這麼做。沒有那次經驗的話，我也不可能報考印度理工學院吧。

思考「替代方案」的好處

印度人從小就很習慣自行思考和判斷。應該說，我們不得不習慣。

在日本，學校和父母會替孩子準備好一切，要取得念書或考試的相關資訊，不是一件困難的事情。明天上學需要什麼，要去哪裡買需要的東西，都有詳細的規定可供參考。

印度可不一樣，就連準備一支鉛筆，你都不見得能在附近的商店買到。買不到該如何是好呢？通常小孩子會自己想辦法，不會去麻煩父母。

買不到鉛筆，得跟老師說明理由才行。我們要有議論和說服的能力，才能讓對方理解我們的難處。乍看之下這是雞毛蒜皮的小事，其實這跟學好「英文」或「數學」一樣重要。

印度的學校沒有日本那樣完善的課程內容，不同老師和學校的教法大相逕庭。印度人擅長的英文和數學，也不是國家的正規課程教出來的。不過，印度人從小就在日常生活中，學到一項寶貴的知識。這種思考方法，在印度稱為「替代方案（Jugaad）」。

印度人從以前就被迫過上貧困的生活，常會碰到必要物資短缺的情況。例如，要從井裡打水來用，井太深沒辦法用人力打水，偏偏想用幫浦又沒有電力。這時候，印度人會發動一旁的摩托車引擎，利用引擎來啟動幫浦。以各種巧思度過貧困的生活，就是「替代方案」的構想。

最近，美國的商學院有教導「節儉式創新（Frugal Innovation）」的概念。「Frugal」有「節儉」和「樸素」之意。節儉式創新的意思是，不受既定觀念束縛，以自由的構想減去不必要的成本。印度的塔塔汽車實踐了這個構想，開發出先進國家無法想像的低價汽車，因而聲名大噪。節儉式創新其實就是活用了替代方案的思維。

本來「替代方案」這個字眼在印度沒有什麼正面的意思。取水用摩托車引擎啟動幫浦，需要耗費汽油。等到要騎摩托車的時候，就沒油可用了。實際上從長遠的觀點來看，購買電動式幫浦才比較省錢。替代方案就是一種「克難」的思維。話雖如此，遇到突發狀況時，替代方案能發揮很強的效果。

除非你是有錢人，否則在印度生活一定會使用替代方案。我們從小就這樣訓練自己，這也是印度人能力強大的原因。

最困難的大學考試

我在拉賈斯坦邦的鄉下出生長大，是哥哥拉吉夫告訴我印度理工學院這間學校的。哥哥從小學業就十分優異，小學甚至還跳級念完。然而，哥哥跟我一樣，過去待在巴爾梅爾時完全不曉得有印度理工學院。到頭來，他去就讀拉賈斯坦邦的大學，若有足夠的資訊，他也許會是巴爾梅爾第一個考上印度理工學院的。

在我還剩一年就要高中畢業的時候，哥哥告訴我關於印度理工學院的訊息。不過，我還是無法想像那是一個什麼樣的地方，遲遲沒有下定決心報考。在拉賈斯坦邦的大學，也能念我有興趣的物理學。是哥哥苦口婆心說服我去念印度理工學院，我才終於下定決心的。

我決定報考印度理工學院時，哥哥的好友偶然在報紙上看到截止日期，申請期限已經迫在眉睫了。現在報考可以用線上申請，當時要先取得簡章，填完必要資料後提出申請。

在巴爾梅爾拿不到簡章，能拿到簡章的城市，最少也要搭三個小時的巴士前往。我拜託熟識的司機，請他代為取得簡章。不然，搭巴士的錢對我們家是一大負擔。好不容易拿到簡章填寫完畢，能不能成功寄達又是一個問題，畢竟印度的郵政系統很兩光。於是，我再次拜託司機，請他幫我送到其他城市的印度理工學院事務所。

經過幾番波折，我在考前一個月才開始準備印度理工學院的考試。入學以後我才知道，沒上補習班就考上的學生屈指可數，大部分學生從中學時代起，就有上補習班備考了。

那個年代，印度理工學院的合格率號稱只有百分之一。而且，這還是準備萬全的考生才有的機率。我沒去補習班上課，也沒有考試的相關資訊，不知怎地竟然還考上了。

我從小就習慣以自己的步調，學習感興趣的科目。好比解一道困難的數學或物理題目，我會花上三、四天的時間。我不是死背解題方式，而是真的深入去瞭解問題，可能這種念書方式對考試有幫助吧。

說個題外話，現在印度各地有專門考取印度理工學院的補習班。這跟印度理工學院的校區增加，還有考生人數大幅增加有關。目前這種補習班在印度有很龐大的商機，我的大學同學輟學後，也開了補習班賺大錢。

印度理工學院的考試科目有四科，分別是數學、物理、化學、英文。現在所有科目在一天內就考完了，我以前可是花了一個禮拜才考完，一天考一科，下一科兩天後考。

考場只設在大都市，我前往哥哥居住的比卡內爾參加考試。巴爾梅爾到比卡內爾相距四百公里遠，我住在哥哥的宿舍，考試當天請他騎腳踏車載我去考場。

考題有分選擇題和申論題，現在回想起來，我的申論題答案跟其他考生差很多吧。我念書不是為了特地考取印度理工學院，解題方式跟模範解答應該相去甚遠。我能僥倖合格，想必是閱卷者看中我的可能性吧。

回到巴爾梅爾以後，我才在報上看到合格的公告名單。如釋重負的心情遠大於開心，多虧有母親支持，我才有辦法念到高中，沒有哥哥提供的訊息，我也不會去考印度理工學院。沒有就讀印度理工學院，我的人生也不會有大好前途，因此我很感謝家人。

老實說，我有信心考上。我在高中成績一向名列前茅，二十五萬人參與的統一會考，我的成績也始終維持在前十名。我也多少覺得自己天資過人，其實我純粹是個「井底之蛙」，我不瞭解這個世界有多大，連印度的情況也一無所知。進入印度理工學院就讀，我才明白自己有多無知。

「印度的東大法學部」

我是印度理工學院的畢業生，這話由我來說很像在炫耀，但印度理工學院在國內真的是很突出的名校。印度的大學只有分「印度理工學院」以及「其他」這兩類，這麼說可一點也不誇張。

顧名思義，印度理工學院是理科學府。相對地，培養日本高階官員和社會菁英的東大法學部是文組。美國頂尖的哈佛大學，理工科的研究水準極負盛名，可是真正有名的商學院和法學院也是文組。以研究理工為主的印度理工學院，之所以在印度被視為最高學府，這跟印度的國情也有關係。

印度也有很多文科大學，那些大學水準再高，入學考也比印度理工學院簡單許多。理由是從這些學校畢業，也沒有前途可言。

印度的財閥、政客、高級官員的子弟，從小就讀私立學校接受英語教育。他們高中一畢業就離開印度，前往英國或其他國家的大學念書。留學的花費很高，但對特權階級來說並不是大問題。

英國是印度過去的宗主國，也是許多印度人嚮往的國度。特權階級的子弟在英國學成經濟和政治以後，就繼承父母的生意，或是踏上從政之路。

非特權階級的子弟，成績再好也沒有去英國留學的財力。讀完國內的文科大學，也改變不了政治和財經被權貴掌握的事實。有鑑於此，學業優異的高中生都想考印度理工學院。在最高學府習得知識，就能當上研究員或專家改善生活了。

印度理工學院和美國也有很深厚的淵源，「ＩＴＴ」這個名字也是仿傚美國名校「麻省理工學院」的英文簡稱（ＭＩＴ）而來。印度理工學院在剛創立的時候，麻省理工學院也有派遣教授前來支援。也因為這層關係，畢業生也有機會前往美國研究所深造。前往美國念書，就可以擺脫窮困的印度社會，憑藉專業在世界上嶄露頭角了。

再者，印度理工學院也形同「東大法學部」。除了理工人才以外，印度理工學院也培育出不少印度的頂尖政治人物。

印度的官僚制度和日本不一樣，高職等的人才是政府統一錄用的，之後要在中央政府或地方機構歷練才能升官。日本的資深官員基本上都在同一個單位服務，相形之下印度官員擁有比較大的權限。對於出身平凡的學生來說，成為高級官員是接近特權階級的唯一方法。

日本官員有所謂的「東大派系」，印度理工學院也有培養人脈的作用。然而，想當上高級官員必需通過「ＩＡＳ」（印度公職服務）考試。印度的公務員考試，還有外交官的「ＩＦＳ」考試、國稅人員的「ＩＲＳ」考試、警察的「ＩＰＳ」考試等等。其中，ＩＡＳ和ＩＦＳ是最難考的，考試一次決勝負，印度理工學院的畢業生也不會加分。

有些學生在考上印度理工學院以後，就開始準備ＩＡＳ考試。他們對研究理工沒興趣，純粹是需要印度理工學院的頭銜而已。

印度理工學院還有一個特色，就是學費便宜。政府投注稅金壓低學費，好培養印度未來的人才。學費雖低，設備可都是一流的，我以前就讀每年只要兩千日圓（約十八美元），現在每年要價十五萬日圓（約一千四美元）了。貧窮的學生有獎學金可領，功課好的窮人也能入學就讀。

有的學生一直考不上ＩＡＳ，乾脆待在印度理工學院不肯畢業。他們利用學費便宜，住在學校的宿舍直到考上為止。大學留級有年限規定，升上研究所就能留下來了。印度理工學院的研究所，入學難度遠比大學部低。所以大學部的學生要升上研究所並不困難，由於這種學生太多，最近校方也限制學生報考ＩＡＳ的次數。

勤學生活

一九九〇年，我進入印度理工學院坎普爾分校的物理系就讀。現在，印度理工學院在國內有十六所分校，當時包含坎普爾分校在內只有五所。

坎普爾分校設立於一九五九年，在印度理工學院之中是歷史第三悠久的校區。我選擇那一所分校的原因是，該校的物理學水準是最優秀的。

坎普爾在首都新德里的東南方，兩地相距五個小時的列車路程。人口約三百萬，算是印度的中堅都市。這座工業都市又稱為「印度的曼徹斯特」，治安水準可謂惡名昭彰。

坎普爾分校每個學年才三百人左右，跟日本主要大學相比人數極少。也不是只有坎普爾分校如此，印度理工學院講究少數菁英的教育主義。學生多半是男性，我們那一個學年的女性才五人。校區離坎普爾市中心二十公里遠，但治安惡劣的印象，還是讓女學生卻步。

校區裡除了物理系以外，還有電腦科學系、電子系、機械工程系、化學工程系等等。人數最多的是電腦科學系，每學年有將近四十人。物理學系的學生包含我在內，才十四人。就讀科系會依照學生的入學成績和個人期望來決定，第二年可以按成績變更科系。這話聽起來有點像在炫耀，物理學系的學生多半成績優異，大家也對我們青眼有加。

所有學生都要住校，到二年級為止都是雙人房，三年級以後就有單人房了。伙食在學生餐廳食用，住宿包含伙食費每個月一百五十盧比（約二．四美元）。各位也許很難相信費用這麼便宜，但經濟自由化以前的印度，物價差不多就是那樣。學校給我的獎學金每個月是三百盧比（約四．六美元），這樣各位就知道當時的物價水準了吧。

印度人會喝酒的不多，印度教並沒有禁止飲酒，但酒精在印度社會被視為不好的東西。實際上，酒精也是暴力或性侵等犯罪的元兇，我們在宿舍會跟朋友一起喝啤酒，卻不會像日本人那樣習慣性召開「酒會」。學校離市區很遙遠，附近又沒有喝酒的地方，連最近的電影院都在十公里外。

校內的女學生不多，我們也沒機會到街上認識女孩子。況且，那時候印度很少有人在婚前交往的。話雖如此，我們不是對女生沒有興趣，有的學生還會跟生活在校區裡的教授女兒交往，這種學生會成為大家嫉妒的目標。

印度理工學院一直到二年級上學期為止，都是採通識教育，不管什麼科系都要學習一定的理工科目。學完才會朝專業領域發展，學生之間的競爭也變得非常激烈。印度理工學院的教育方針，是讓學生互相競爭。

比方說，考試是採相對評比的方式。假設你考七十分，平均卻是九十分的話，那你照樣是不及格。而且經常舉行突襲考試，看看學生平時有沒有好好用功。不少學生害怕考不好，除了吃飯和睡覺以外，都躲在宿舍裡死命念書。

如果成績一直不理想，學生會受到退學處份。那些打算考取高級官員的學生，也必需努力維持及格水平才行。大家都是賭上自己的人生來讀印度理工學院的，家人的命運也一併扛在肩頭上，拚命念書是理所當然的事情。

「考試菁英」的悲劇

印度理工學院的競爭實在太過激烈，有些學生完全沒辦法交朋友。他們只把同學視為應該警戒的競爭對手，而不是一起念書的伙伴。

其中還有學生念到精神異常的。印度理工學院的學生，在故鄉一向名列前茅。沒經歷過挫折的年輕人，一入學就被烙上「不及格」的烙印，從此一蹶不振。

希臘神話有一則故事叫「薛西弗斯」。巨人薛西弗斯被天神擊敗，天神處罰他扛著大石頭爬上山頂。越往上爬石頭的重量就越重，薛西弗斯支撐不了，又必需把掉落的岩石重新扛上山。

曾經有一個學生抱著薛西弗斯的英文書，跑來找我朋友討論故事內容。我那位朋友成績很好，人品也不錯，深得大家的信賴。

「我今晚先看一下，明天再跟你討論吧。」

朋友收下那本英文書以後，那個學生也回到宿舍房間了。直到隔天早上，我的朋友才知道那個學生自殺了。

「那時候，如果我有跟他談一談……」

我的朋友十分懊悔。

一個人念書的成績再好，不代表他能樂觀面對人生。印度理工學院的學生，無疑是頂尖的「考試菁英」，但也未必就是幸福的。我就讀印度理工學院的那五年，就有好幾個學生了結自己的性命。他們都是被壓力給打垮的，就好像那個把自己看成薛西弗斯的學生一樣。印度國內和全世界，都很關切印度理工學院的這種陰暗面。

量產高材生的「企業都市」

印度理工學院的學生透過激烈的競爭，強化自己的專業知識。教授指導那些學生也不是一件輕鬆的工作。

曾經有國內其他大學的教授，來到印度理工學院教書。那個教授的上課內容太簡單，學生根本學不到東西。過了一段時間，學生就認為上那個教授的課是浪費時間。有一群學生跑去跟校長投訴，那個教授就被解聘了，回到原來任教的大學。

學生在課堂上駁倒教授的情況也經常發生，也有教授失去自信，沒辦法再繼續教課。這不是師資水準不高的關係，不少教授都有美國的博士學位，這裡確實網羅了印度最頂尖的人才。只不過，學生的素質真的太高了。

我入學以後，首先發現自己的英文程度不足。我從高中時代就一直在念英文教科書，對英文多少是有信心的。可是，跟那些從小接受英語教育的人相比，水準還是差太多。一年級的時候，我聽不太懂留美教授的英文，學習上吃了不少苦頭。我英文不好難過得要死，有的同學卻能用流暢的英文跟教授說笑，我這才知道自己是井底之蛙。

我是巴爾梅爾地區第一個考進印度理工學院的。相對地，也有高中每年培育出五十個印度理工學院的新生，那就是賈姆謝德布爾的高中。印度第一財閥「塔塔集團」的中堅企業「塔塔鋼鐵公司」，就把工廠設在那座都市。賈姆謝德布爾是所謂的企業都市，名稱源自塔塔集團的創辦人塔塔・賈姆希德吉。像塔塔鋼鐵那樣的大企業，當中的菁英技術人員多半是印度理工學院的畢業生，他們從小就培養自己的兒子考取印度理工學院。

半數以上的同學都到美國留學

我在印度理工學院碰過真正的天才，他叫席拉茲．門瓦拉，是我物理系的同學。過去他還是大學生的時候，就已經有實力跟教授對辯了，在物理系中也是鶴立雞群的學生。

席拉茲的祖父是印度有名的物理學家，印度的上流家庭都是用英文溝通，他在那樣的環境下長大，英語實力近乎母語水準。

席拉茲最厲害的地方是，他實現了高中時訂立的人生計畫。首先他就讀印度理工學院，再前往美國名校普林斯頓大學留學。之後，二十多歲取得哈佛大學的職缺，率領自己的研究團隊凱旋歸國。這些計畫他真的一一實踐了。

席拉茲目前在塔塔集團創辦的「塔塔基礎研究所」（TIFR）度過研究生活。近來，他獲得了印度最頂級的科學獎項，國內的科學家都說，他是未來的諾貝爾獎候補。

包含席拉茲在內，物理系的十三名同學有一半以上前往美國留學。大家都是靠美國企業或財團的獎學金留學的。

我在就讀大學的過程中，開始對「科學家」這個夢想存疑。研究活動是很孤獨的作業，我想從事跟「人」有關的事業，這或許跟我遇上席拉茲那種天才也有關係吧。

過去大學時代，我不算用功的資優生。我曾經參加選舉，當上學生自治會的成員，該學年只有三人獲選。此外，我還加入校內的戲劇社團，嚴格來講我的大學生活算是悠閒的。學校舉辦慶典的時候，我還跟朋友一起製作T恤販賣，差點被校方退學。印度理工學院禁止學生販賣物品，哪怕是慶典也一樣。在印度，人們認為學生就該專心念書，印度理工學院也沒有打工的學生。這種學生生活，跟日本的大學完全不一樣。

超級貴族子弟就讀貴族學校

我生於巴爾梅爾這個鄉下地區，跟全國的「考試菁英」一起在印度理工學院念書。不過在印度，還有一群跟我們不同級別的權貴青年。政商名流子弟就讀的學校當中，最特別的莫過於「杜恩公學」了。

杜恩公學創立於一九三五年，也就是英國統治時期。學校位於新德里以北兩百四十公里的德拉敦地區。這所學校是參考英國名校「伊頓公學」設立的，兩家都是寄宿制的男校。學生人數不多，大約五百人左右，都是十三歲到十八歲的少年。該校畢業生除了前印度總理拉吉夫．甘地以外，也有其他名人活躍於政治、財經、媒體、藝術領域。

杜恩公學都是用英文授課，學生畢業後多半前往英國大學深造。學成後回到印度，繼承父母衣缽踏入政治或財經界。

能就讀杜恩公學的只有名門子弟，若非名門出身，學業再好也無法就讀。現在印度中產階級以上的人民，對這種同樣用英文授課的私校趨之若鶩。

「英文實力」決定人生高低

「英文」程度好不好，對印度年輕人來說可是大問題。功課好的學生有機會到歐美的大學留學，對將來的工作也大有影響。

從我還在求學的年代，英文好壞就已經決定人生高低了。我跟哥哥的人生大相逕庭，也是出於我們對「英文」的態度不同。

哥哥跟我不一樣，他對英文沒有興趣。小時候他的功課比我好，但沒有積極學習英文。我們倆兄弟在不同的層面上，對印度都有很深的情感。英國長久以來統治印度，美國又是世界強權，哥哥對這兩個國家抱有很複雜的情緒，所以才會排斥英文吧。

到頭來，哥哥進入用印度語上課的大學，也沒有機會接受英文教育。大學畢業後，他進入公家的銀行上班，目前在北部旁遮普邦的帕提亞拉擔任分行經理。工作本身不算差，但四十多歲月薪才十二萬日圓（約一千美元）。

我以前在東京的歐美金融機構上班，當時收入是哥哥的十倍以上。如果哥哥也懂英文，就能跳槽到印度的外資金融機構。這樣一來，就有機會賺到好幾倍的收入。事實上，有不少印度行員被歐洲的銀行挖角。

然而，我哥哥對錢財沒有太大的興趣，他也沒想過要到外資企業上班，過上比別人更富裕的生活。他只希望當一個幫助窮人的行員，同事不想去的偏鄉他都搶著去。與其說他是個行員，不如說他是「社會運動家」還比較貼切。

我們倆兄弟對英文的態度不同，各自走上截然不同的道路。我從印度理工學院畢業後，二十出頭就來到日本。哥哥讀完地方上的大學，輾轉在印度的偏鄉生活。哪一種人生比較好全看個人，唯獨可以肯定的是，英文造成的貧富差距，從我們求學時代就有增無減。

哥哥有兩個女兒，一個讀高中，一個讀初中。由於哥哥時常調任，就把兩個女兒送到用英文授課的國立中央學校了。我高中時用來準備英文考試的教科書，就是那間學校的。精通英文的姪女有前往海外發展的可能，我很期待她們的將來。

日本幫忙創立印度理工學院的海德拉巴分校

我從印度理工學院的坎普爾分校畢業，也將近二十年了。期間，印度理工學院也有很大的改變。

首先，分校從五間增加到十六間，每年考取人數也增加到一萬人左右。我入學的時候，五間分校才錄取一千八百人左右。

十六間分校之中，有九間是二〇〇八年以後新設立的。分校急速增加，有人認為學生的素質反而下降了。我不這麼認為，現在的競爭率還是超過五十倍以上，印度理工學院仍然是國內最難考取的大學。

從印度的總人口來看，十六間分校有「一萬人」合格也稱不上多。印度光是未成年人口就有五億人，中小學生更有兩億人。日本的人口是印度的十分之一，每年卻有三千人以上考取東大。

真正該擔憂的不是學生素質，而是教授。有資金才能召募優秀的教授，教學設施也必需整頓完善才行。光有印度最頂尖的學生，沒有完善的師資和設施也確保不了教育品質。

最近印度的私立大學也越來越多了，曾經在全球知名顧問公司「麥肯錫」擔任幹部的印度人，於一九九九年設立了「印度商學院」（ISB），這一類學校的學費比美國私立名校還要昂貴，專門招收權貴子弟。

印度理工學院的優點是，願意提供機會給學業優異的窮人。新設立的海德拉巴分校，是接受日本的支援建成的，希望日本今後也能持續協助印度。

「個人主義」的問題

另一方面，印度理工學院出身的人一直都有「個人主義」的問題。也許是受到激烈競爭或菁英觀念的影響，這些資優生缺乏協調性和領袖氣質。我以前跟同學相處，也經常有這樣的感覺。也不是只有印度理工學院出身的人如此，這是所有印度人的共通特徵。個人主義的確是個體強大的來源，但這不足以成為帶領社會進步的領袖。

印度理工學院的相關人士，也很清楚個人主義是一大問題。最近還開創了經濟學系，以求培育出更多元的人才。除此之外，校方也開始在哲學、社會學、新聞學等理工科以外的課程投注心力。

近來我造訪印度理工學院，跟當中的學生談話，真的感受到時代變了。過去我還是學生的時候，晚上大家會聚在宿舍裡討論「哲學」和「宗教」等議題，例如探討上帝究竟存不存在之類的。印度人很喜歡進行哲學和概念的議論，至於政治和國際情勢之類的現實議題，我們缺乏足夠的資訊探討。那個年代印度根本沒有網路，宿舍連電視也沒有。

在這樣的情況下，身為印度理工學院的學生，我們都有很強烈的榮譽感。每個學生都在認真思考，自己未來能替國家做出什麼貢獻。就連參加高級官員考試的學生，也有同樣的遠大志向。可惜最近的學生，把「自己的將來」看得比「國家」更重要。講得更白一點，他們滿腦子只想著賺大錢。

有不少學生到歐美的投資銀行工作，一下就拿到千萬以上的年收。那些企業先用實習名義確保優秀的學生，等他們一畢業就以高薪聘用。我以前也有所謂的實習制度，頂多是到國內的政府機構研修而已，當時我連「高盛」的名字都沒聽過。對我們這些專攻物理學的學生來說，投資銀行就好像另一個世界的話題。

而今，光是頂著「印度理工學院」的頭銜，就有機會到紐約或倫敦擔任實習生。面對財富的魅力，印度理工學院「為國貢獻」的創學精神也相形失色了。

不只印度理工學院的學生變了，印度過去二十年來也有重大的轉變。下一章，我會介紹一九九〇年代以後發生的變化。

第三章

印度如何一躍成為「IT大國」？

牛車和高級車並行的孟買

一九八〇年代的印度，半數以上的人口過著沒水沒電的生活。而且，不會讀書寫字的人到處都是。如此落後的印度，在二十一世紀竟然被稱為「ＩＴ大國」。印度曾經是全球最落後的國家之一，到底是用什麼方法成為尖端產業的匯聚之地呢？就讓我用自己的經驗，來告訴大家當中的奧祕。

一九九五年，我從印度理工學院的坎普爾分校畢業。印度理工學院有分四年制學程，以及包含研究所的五年制學程，我選擇的是五年制學程。

畢業以後，我到「高德瑞治」財團的企業上班，沒有當上研究人員。我負責的工作是開發金融相關的系統。乍聽之下這個工作似乎跟物理學無緣，其實物理學和數學知識對系統開發很有幫助。錄取後，我就搬到公司的所在地孟買了。

印度自一九九〇年代引進資本主義，捨棄舊有的社會主義經濟模式。民間企業生意興隆，來到印度的外資企業也越來越多。然而，一九九〇年代中期的孟買，還是一個恬靜的地方。

當時，孟買已經是印度最大的經濟都市了，但市區裡經常看得到牛，那些牛是用來拉貨車載運蔬果等物品的。販賣蔬菜和肉類的市場，還有咖哩攤販隨處可見，市場跟攤販周圍聚滿了閒聊的人潮。

我喜歡樸實無華的孟買，同樣是印度的大都市，首都新德里的氣息跟孟買完全不同。在新德里很多人都注重外觀和面子，明明搭地下鐵不會碰到塞車，他們就偏偏要搭計程車充面子。就這點來說，孟買的人不會在意面子問題。

你在孟買跟陌生人問路，對方還會帶你到目的地。孟買人多半親切隨和、充滿活力，整座城市也朝氣蓬勃。

現在我每年都會到孟買出差，我離開孟買也將近二十年了，每次造訪我都會被孟買的變化嚇到。

現在孟買一樣看得到牛，只是數量少了許多，取而代之的是歐洲進口高級車。牛隻和高級車並行的景象，就好像現在印度的國情一樣。

空氣的品質也明顯變差了。空污在中國是一大問題，孟買和新德里等大都市的空污，比中國還要糟糕。在天氣晴朗的日子，遠方也是霧濛濛的一片。

走在市區中心，你會看到許多拿著手機的上班族。孟買人本來走路就比較快，最近他們走路的速度似乎又更快了。我的公司在東京的丸之內地區，他們走路的速度幾乎跟東京上班族的速度差不多。

我在孟買也不太敢跟陌生人搭話了，那裡有來自全國和世界各地的人。光看對方的臉孔和服飾，我一下子很難判斷該用當地的馬拉提語，或是北部的印度語，搞不好我還得用英文溝通。

孟買等大都市帶動經濟發展，印度的經濟從一九九〇年代開始大幅成長。人們的生活方式有很大的改變，日子也過得更加富裕了。對我這種生長在一九八〇年代鄉下的人來說，就好像來到了其他國家一樣。

「計畫經濟」的真相

印度自一九四七年獨立以後，經濟方針遵循「自給自足」的大原則。舉凡食品、工業用品、乃至飛彈都要「國產」，而且在計畫經濟的政策下，物品的生產量到價格都被國家嚴格控管。

提倡「自給自足」的是聖雄甘地，這本身是一個了不起的理想，卻也讓國民過上貧窮的生活。

前面也說過，我小學時住在沒水沒電的房子裡，那不是我家特別窮的關係。印度的人口多半是農民，他們過的是更貧窮的日子。我想再談一下故鄉巴爾梅爾的生活，藉此說明計畫經濟下人民的生活狀況。

一般的家用品都要在國營商店購買，我們稱為「配給商店」。配給商店有販賣各式各樣的生活必需品，包括食物、清潔劑、做衣服的布料等等。跟日本的「超市」差不多，規模倒是小很多。

全國各地都有設置配給商店，由國家指定地方上的人士營運，有點類似過去日本尚未民營化的郵局吧。跟日本郵局不一樣的地方是，配給商店什麼東西都有賣，每個禮拜有一半的時間沒開。而且也沒有固定公休日，經常突然歇業好幾天。

買東西的時候，要帶一種小冊了叫「配給卡」。每戶人家都有一張，就相當於身分證這一類的東西，選舉投票或入學時都用得到。

配給卡上有註明生活必需品的購買配額，不能購買超過規定的配額。即便商店有開，商品也動不動就缺貨，應該說沒缺貨的情況反而比較少。除了配給商店以外，附近也有小規模的民營商店，民營商店的缺貨問題更嚴重。商品一旦缺貨，什麼時候會再補貨沒有人知道。這種情況下，只好到黑市用好幾倍的價格購買。配給商店沒有的東西，黑市裡全都有。主要是營運配給商店的政府相關人士，把商品盜賣給黑市的原故。

然而，我們這些有配給卡的家庭還算幸運了。附近有很多農民連配給卡都沒有，他們幾乎過著自給自足的生活。

當時印度的甘蔗產量號稱全球第一，平民卻很難得到砂糖。甘蔗等主要農作物是政府向農民統一採購，價格也是政府公定的，沒有競爭問題。生產也經過調整，照理說國民都能享用到，無奈盜賣之類的問題嚴重，商品到不了百姓手上。這種不合理的狀況，才是「計畫經濟」的真相。

目前配給商店依舊存在，已經很少有人去那裡買東西了。就連巴爾梅爾那樣的鄉下地方，也有越來越多民營商店了。情況跟一九八〇年代完全顛倒，現在民營商店的商品更為齊全，價格也便宜許多。多虧經濟自由化的恩惠，人民終於能擺脫政府不合理又沒效率的施政了。

不過，印度並不像日本到處都有便利商店。某些大都市有便利商店沒錯，鄉下小地方就看不到了。民營的商店也沒有連鎖化，多半還是家族經營的小商店。

經濟自由化與初等教育普及

像配給商店這種社會主義的經濟模式，到了一九九〇年代終於改弦易轍了。一九八〇年代起政府的國家戰略，帶來了改革的契機。

印度獨立以後，不歸屬於東西方任一陣營。可是，一九七一年印度和蘇聯締結「印蘇和平友好合作條約」，印度實質上跟蘇聯的關係較為密切。印度名義上跟美國或日本一樣都是民主主義國家，外交層面卻跟蘇聯密切往來，經濟體系也採用蘇聯的社會主義經濟。

還好當時的拉吉夫．甘地政權改變國家立場，採取向美國靠攏的方針。後來，一九八〇年代末期柏林圍牆倒塌，蘇聯也跟著瓦解。東西冷戰畫下休止符，印度也立刻實行經濟自由化的政策。

一九八〇年代以前，印度是封閉型的經濟架構，鮮少與外國交流。雖不乏外資企業，但數量和活動都受到極大的限制。好在印度政府改變方針，各大外資企業才一口氣湧入印度市場。這都要歸功於拉吉夫．甘地，在冷戰結束以前就跟歐美各國交好。

到了一九九〇年代，微軟和ＩＢＭ等美國大企業開始在印度設立事務所。他們看上印度人的英文實力，決定盡早網羅技術人才，剛好那時候美國也發生「ＩＴ革命」。ＩＴ這個新產業開始蓬勃發展，印度低廉的人事費用對歐美企業是一大魅力。許多美國企業活用這項優勢，在印度國內開設大規模的服務中心。

印度的經濟狀況越來越熱絡，從一九八〇年代開始普及的初等教育，也對經濟成長做出了巨大的貢獻。致力於初等教育的政治人物是英迪拉．甘地，她是拉吉夫．甘地的母親，在一九八四年遇刺身亡以前擔任印度總理。她推行免費的營養午餐，還在全國各地增設小學。

初等教育普及，就讀高中和大學的學生就跟著增加。那些受過教育的人才，對一九九〇年代以後的經濟自由化有很大的作用。如果一九八〇年代初等教育沒有普及，或許印度就不會被稱為「ＩＴ大國」了。

經濟自由化也改變了國民的生活，資訊開始在國民間流通，這算是最大的影響了。

印度的報紙也沒有日本普遍，多數普通家庭到一九八〇年代都沒有電視可看。國民沒有方法瞭解國內發生的事情，更遑論全球的動向了。到了一九九〇年代，電視終於普及了，雖然頻道和播出時間有限，至少平民總算能知道外界發生了什麼事。

電視普及以後，固定電話也慢慢普及了。一九九〇年代前期我還是大學生，當年有安裝電話的家庭不多，我家裡也沒有電話。要跟母親聯絡的時候，我得先預約打電話的時間，用宿舍僅有的一支電話，打給老家附近的縣政府職員，請對方叫母親來聽電話。在那個很少有人安裝電話的年代，公家機關的人家裡都有電話。

直到我大學畢業的時候，我家才終於有安裝電話，這也是經濟自由化的副產物。

「千禧年問題」造成的影響

印度經濟自由化以後，成長幅度最大的是ＩＴ相關產業。不過，究竟「印度」和「ＩＴ」是怎麼串聯在一起的，大多數的日本人並不清楚。

一九九〇年代初印度開始經濟自由化，美國也發生了「ＩＴ革命」。這一股浪潮衝擊到亞洲，中國和台灣等國家成為電腦硬體的製造據點，印度則成為軟體開發和相關服務的據點。

美國ＩＴ企業看上印度的理由，在於「英文」和「數學」。印度理工科大學的學生，都很擅長英文和數學。可是，經濟自由化以後就業環境沒有立刻好轉，學生很難找到好工作，ＩＴ相關的外資企業提供的就業機會，成了這些學生的最佳標的。

尤其，一九九〇年代後期盛傳的「千禧年問題」也有很大的影響。千禧年問題又稱為「Ｙ２Ｋ問題」，人們擔心二十一世紀來臨的那一刻，全世界的電腦將發生故障。有人謠傳飛機會不受控制，醫療器材也無法運作，整個世界差點就要陷入恐慌了。這個千禧年問題，也是印度一躍成為ＩＴ大國的契機。

歐美的電腦大廠必需提出對策，來防範千禧年問題的影響。執行這些對策不見得要有高度的專業知識，大部分的工作在技術上並不困難，只是需要大量的人力，印度的年輕人在這時候就派上用場了。

理工人才有電腦的相關基礎知識，而且人事費用又便宜，這對歐美企業來說是絕佳的外包對象。

中國靠物力，印度靠資訊

印度的ＩＴ產業大幅成長，還有另外一個原因。印度這個國家和人民的性質，跟ＩＴ的契合性非常好。我拿中國來比較各位就瞭解了，中國也同樣擁有龐大的人口，經濟成長的時期也跟印度相同。

中國是仰賴「物力」的國家。道路或鐵路等物流系統完善，才有辦法貨暢其流，中國政府主導大規模的基礎設施開發，國家也迅速成長。

另一方面，印度很難達到貨暢其流的標準。跟中國相比，印度的基礎設施落後太多了。印度是個民主主義國家，沒辦法像中國政府那樣採取強硬的手段。印度想進行大規模的公共建設，也經常會卡到土地所有權的問題。

印度基礎設施落後，不是一個有魅力的生產據點。況且勞動人口的素質提升，也不代表工廠的生產性很高。印度的個人主義太強烈，缺乏有效的系統發揮組織機能，少數引進日式體系的日本工廠算是例外。

印度的問題太多，不適合作為生產據點，唯一的活路就是「ＩＴ」了。

開發ＩＴ產業的軟體，不需要製造業那樣的大規模基礎設施。只要確保人才，產業就能發展下去了。而在人才方面，印度有很多受過高等教育的年輕技術人員。

從使用者的層面來看，ＩＴ跟印度人也相當契合。英文是網路上的主流語言，擅長英文的印度人很容易融入網路世界中。手機也是同樣的道理，印度幅員遼闊，道路整備並不完善，跟其他國家比起來，手機是相當重要的生活設備。

印度依舊是一個「物品」不易流通的國度。可是，「資訊」很容易流通，資訊一流通就會產生「價值」。獲得海外的資訊，再使用英文跟世界接軌，就會創造出新的商機。例如客服中心利用跟美國的時差，提供全天候的服務，就是一個很典型的例子。

順帶一提，現在印度幾乎人手一支行動電話，有些人還擁有好幾支行動電話，連窮鄉僻壤也十分普及。這一方面是通話費比日本便宜很多的關係，連貧窮階級都會先買行動電話再買腳踏車。

ＩＴ產業帶來尊嚴

ＩＴ產業帶給印度的，不光是就業機會和便利的生活。我認為ＩＴ產業最大的意義，是帶給印度人「尊嚴」。過去印度給人「貧困」的印象，其他國家的人都以為我們只是有「大象」和「蛇」的國家。簡單說，全世界都看不起印度。多虧有ＩＴ產業，我們才搖身一變成為受人矚目的「先進展業據點」。

印度接受ＩＴ產業的最大原因，主要在於這是一個全新的產業。在經濟自由化以後，古老的業界依舊有各種成規。特別是製造業這一類的傳統產業，大權還是掌握在政府手上，官商勾結的情況十分嚴重，唯獨ＩＴ產業跟「印度的積弊」無緣。

艾俊．瑪霍特拉先生是印度ＩＴ龍頭企業「ＨＣＬ」的創辦人之一，他曾經告訴我一則有趣的故事。一九七六年他剛開創公司，打算從海外進口電腦零件。當年印度的規定很嚴格，進口商品都要課很高的關稅。而電腦才問世沒多久，在印度也沒有進口的先例。唯一的方法是付一大筆錢賄賂官員，或是乾脆放棄進口。

於是瑪霍特拉先生想了一個辦法，他把電腦零件當成「文書處理器」帶進來。好在政府負責人完全沒有電腦知識，他才順利把零件帶進印度。一九七八年，HCL推出了自製電腦，那時候賈伯斯的蘋果公司也才剛開始製造電腦而已。

這個故事告訴我們，政府沒有規範IT產業的知識，這個產業才沒有既得利益和官商勾結的問題。在印度漫長的歲月中，這是第一個沒有官商勾結的產業誕生。

IT改變「貪污天堂」

印度是惡名昭彰的「貪污天堂」，二〇一四年二月俄羅斯的索契冬季奧運召開之際，國際奧林匹克委員會（IOC）剝奪印度的加盟資格。印度的選手，只好以個人資格參加比賽。

被剝奪加盟資格的原因，跟二〇一〇年在首都新德里召開的「大英國協運動會」的貪污情事有關。當時執政的國民大會黨，有許多政治家收取設施建設的相關賄賂。

印度的貪污問題，不僅限於政治家或官員這一類的菁英階級。貪污問題蔓延到社會的各個角落，幾乎已是印度人生活的一部分了。

例如，以前光是搭個列車都要「賄賂」。長距離列車是印度人重要的移動手段，連要買到一張車票都不容易。印度不像日本有自動售票機，服務窗口又少，主要車站又總是人滿為患。好不容易輪到你買票，站務員也不會輕易把票賣給你。站務員經常頂著一張臭臉，告訴你票賣完了。

這時候，乘客就要開始跟站務員交涉了。所謂的「票賣完」是要求賄賂的暗號，交涉到最後，你可能必需用兩倍以上的價格購買車票。反正站務員吃定你要搭車，就隨便喊價。

跟站務員的上司抱怨也沒用，跑去找警察人家也不會理你，賄賂在印度是司空見慣的事情。

印度社會這種腐敗的概念，也被ＩＴ產業改變了。現在購買長距離列車的車票，上網路就買得到了，不用再去車站賄賂那些站務員。

機場的狀況比車站更糟糕，從以前就有很多印度人去海外工作賺錢。這些外出賺錢的人回到印度，身上都會帶著大量行李，例如送給家人的電子產品等等。帶這一類產品入關，會被課很高的關稅。

這時候，旅客和海關人員會進行交涉。交涉免不了要花時間，海關永遠是大排長龍。到頭來，旅客寧可行賄也不付關稅，直接賄賂海關人員，比付關稅要來得便宜。

也因為機場的工作有這份「臨時收入」，對職員來說簡直就是天堂。甚至有職員賄賂稅務機構的上司，希望轉調到機場任職。這故事聽起來很可笑，卻是千真萬確的事實。現在多虧ＩＴ產業發展，機場的貪腐狀況也改善了。

一九九〇年代以後，從美國返抵國門的印度人變多了。這些人前往美國留學，就直接留在當地的ＩＴ企業工作了。他們習慣美國社會的文化，不會輕易妥協付錢。況且他們手頭闊綽，也願意循規蹈矩支付較高的關稅。

我在一九九〇年代後期，從日本返回印度的時候，也有海關人員要求我行賄。我帶著要送給姪女的電子樂器入關，海關人員就把我帶到機場角落的小房間。當然，海關人員沒有明擺著要錢，他只說電子樂器的關稅很貴，言外之意就是要我私下花錢解決。不過，當時我完全不懂走後門的規矩，也聽不懂他是在跟我討錢。那個海關人員大概也知道自己找錯人了吧，我沒有付錢給他，直接繳付規定的關稅。

最近來自美國或日本的航班，旅客已經不用大排長龍了。海關人員知道來自那些國家的人不會行賄，就直接放旅客通關了。反之，來自中東或阿拉伯國家的航班，旅客還是得在海關排隊。理由是那些國家的航班，有很多出外賺錢的印度人歸國。

ＩＴ產業在「貪污」的問題上，也替印度帶來了重大的變革。只是，這也僅限於「嶄新的印度」，在「老舊的印度」依舊有很嚴重的貪污問題。

控制「舊印度」的財閥

ＩＴ產業是象徵「新印度」的存在。在「新印度」中，全憑實力進行自由競爭，不會受到貪污、官商勾結、種姓制度等積弊的影響。不過，除了ＩＴ和高科技的新產業以外，還是有「舊印度」存在，財閥在這個領域擁有極大的影響力。

打從英國統治印度的時代，財閥就已經存在了。印度獨立後實施計畫經濟，財閥的勢力更是有增無減。他們跟政府互相勾結，形成一種利益輸送的關係。

過去印度尚未經濟自由化，政府握有非常大的權限。企業想要經商的話，得先獲得政府的許可。一旦獲得許可，產品或服務的品質再差勁，都可以賺到大錢。畢竟印度跟日本等資本主義國家不同，沒有企業互相競爭的問題。唯一的競爭，就是搶奪政府的「許可」。

不消說，企業跟政客官僚一向保持良好的關係，沒有政商勾結才叫奇怪。尤其製造業或基礎建設這一類規模龐大的生意，只有跟政府保持密切關係的大財閥才能參與。

經濟自由化以後，財閥的勢力又更大了，就以印度最大的財閥「塔塔集團」來說好了。

塔塔一族是從伊朗移居到印度的瑣羅亞斯德教徒，十九世紀後半開始從事棉花貿易，二十世紀初創立集團的核心企業「塔塔鋼鐵」。一九四五年又設立「塔塔汽車」，持續擴大事業版圖。最近，他們還設立「塔塔諮詢服務公司」，開始涉足IT產業。集團的相關企業超過一百家，員工人數四十五萬人，每年營業額超過七兆日圓。

經濟自由化帶動企業互相競爭，但政府還是有諸多管制。因此，像塔塔集團這種跟政府關係密切的財閥，擁有非常大的競爭優勢。再者，財閥具有雄厚的資本實力，當政府放寬某個業界的規範，他們就能活用資本實力馬上打入市場。

財閥基本上都是家族經營的，跟先進國家的大企業不一樣，沒有趕上現代化經營。近年有些財閥的企業在海外上市，但半數股權仍掌握在家族手中。在財閥控制的企業中，沒有董事會開會決議的情況，中階主管也不會製作詳細報告，探討生意的可行性。從以前到現在，都是「上行下效」的管理體系。

決斷全憑上頭一句話

財閥要推動多角化經營或新事業，也是全憑上頭一句話。只要上頭覺得有機會賺錢，就會推動企畫，沒有相關專業也沒差。從日本等先進國家的商業常識來看，這是很不可思議的企業文化。

曾經有一個A財閥跑來找我，他們希望跟日本企業合作。A財閥是靠菸草生意發跡的老企業，全印度都有他們的通路，資本實力也極為雄厚。

近年來A財閥利用他們跟政府的關係，取得水力發電廠的建設權。可是，A財閥完全沒有電力事業的相關知識，所以才來拜託我居中牽線，跟日本企業談技術合作事宜。

我拜會好幾家日本大廠，完全談不出一點結果來。大家第一個疑問是，為什麼菸草公司會轉做電力事業？這在日本人的觀念裡是無法理解的事情。我說明完事情的前因後果，日本大廠要我先找企畫負責人來談。

老實說我很困擾，A財閥根本沒有「企畫負責人」。他們甚至沒有相關人才，可以跟日本大廠進行專業對談。

不久，A財閥的老闆親自來日本商談。不過，日本企業的負責人不懂他是來幹什麼的，連具體合作事宜都還沒談論，領導者就親自出馬，這在日本是不可能發生的事情。

到頭來，合作的提案也取消了，財閥的老闆受不了一直談不出結果。

在印度，只要雙方領袖看對眼就可以談合作。沒有專業也無妨，總之直接執行企畫就對了，這就是印度人的做法。印度財閥這種上行下效的做法，對日本人來說有些落伍吧，但專制手段造就強大力量，也是不爭的事實。

印度最知名的日本企業「鈴木」的成功祕訣

日本企業也有在印度成功的例子，最具代表性的莫過於「鈴木汽車」。

經濟自由化以前，外資企業在印度市場幾乎以失敗收場。經濟全被財閥掌控，貪污情況也變本加厲。法律也有可能突然變成對外資不利的條文，IBM和可口可樂等美國龍頭企業也在一九七〇年代後期，暫時撤出印度市場。鈴木汽車倒是一反常態，獲得了巨大成功。

鈴木汽車是在一九八一年進駐印度的，當時印度國內也有汽車產業，但性能和款式遠不及日本與歐美生產的汽車，況且生產也趕不上實際需求。常常顧客下單以後，要等三、四年才會拿到車子。

於是，政府打算跟海外廠商合作，生產小型的國民汽車。日本的小型車領先全球，印度政府看上了日本廠商，跟好幾家大廠洽談合作。不過，沒有一家願意跟印度合營。那時候日本車廠都在全力搶攻全球最大的美國市場，貧窮的印度缺乏市場魅力，唯獨鈴木汽車答應了印度政府的請求。

鈴木汽車和印度政府合資成立「馬魯蒂鈴木公司」（當時叫馬魯蒂．烏德西葛公司）。合營企畫的印度主導者，是時任印度總理英迪拉．甘地的次子，桑賈伊．甘地。桑賈伊自己就是國會議員，英迪拉．甘地總理被暗殺以後，接任的拉吉夫．甘地是他的哥哥。

儘管有這麼一個大人物撐腰，投資印度對鈴木汽車來說仍然是一大賭注，萬一失敗會蒙受莫大損失。連美國大企業都在印度吃癟了，為什麼鈴木汽車會成功呢？

最主要的原因，我認為應該歸功於老闆鈴木修的經營權力。在印度做生意，凡事講究上行下效，做個決定太花時間的話，生意是談不成的。鈴木先生商談時有獨斷專行的權限，因此桑賈伊．甘地也相當信賴他。

另一個原因在於，鈴木汽車和印度政府建立了良好的關係。桑賈伊．甘地在馬魯蒂鈴木公司成立的前一年，也就是一九八〇年的時候，駕駛飛機意外身亡。正式合營才剛起步，鈴木汽車就少了桑賈伊這個後盾。然而，鈴木汽車和政府還是維持良好的關係，這對外資企業可不是一件簡單的事情。

鈴木汽車真誠的態度，印度政府也給予極高的評價。鈴木汽車來到印度後，就努力培養當地的人才。他們帶著許多印度的技術人員，回到日本總公司參與研修。鈴木汽車高度的技術實力和腳踏實地的努力，終於獲得了印度政府的認可。

現在，馬魯蒂鈴木公司是印度最大的汽車公司，國內市占率超過四成。每年生產的汽車將近一百二十萬台，員工也超過一萬人。如今「鈴木」已是家喻戶曉的品牌了，稱得上是印度最知名的日本企業。

二〇〇六年，馬魯蒂鈴木公司完全民營化，印度政府不再過問經營權了。鈴木汽車的出資比例也從起初的百分之二十六，持續增加到將近六成。對鈴木汽車來說，印度和日本同樣是最重要的市場。鈴木汽車和印度之間，建立起了雙贏的關係。

鈴木修先生我也見過幾次，三、四年前他參訪印度時，我曾經花一天的時間帶他參觀菩提樹園。他在當地很受歡迎，大家一聽說他是「鈴木」的社長，都搶著要一起拍照。同時，他也請教我各種詳盡的資訊，例如周邊基礎設施的整備狀況等等。當時他已經八十多歲了，精力依舊旺盛。

「公文」與「壹番屋」的可能性

既然談到鈴木汽車，我們再來談談日本企業吧。

對日本企業而言，印度是極具潛力的市場。尤其中產階級迅速增加，在日本企業眼中是很有魅力的目標。

有一些日本企業專做中產階級的生意，而且逐漸獲得成功。比方說，以公文式學習法聞名的補教機構「日本公文教育研究會」。

二〇〇四年，公文在印度首都新德里開了第一間補習班，之後增加到四十間以上。費用是每個月五千日圓（約四十五美元）左右，這對印度人不是一筆小數字，但人氣始終居高不下，公文預計在二〇一六年底之前，把補習班拓展到九十間以上。擅長數學的印度人，也樂於接受日式的數學學習法。

我身為印度人完全不訝異，上一章我也提過，印度教育缺乏完善的課程內容。不同教師使用各別的教法，教學內容也大異其趣。也難怪有系統的日式教育會受重視。日式「系統」是日本企業搶攻印度市場的關鍵。

大型咖哩連鎖店「壹番屋」，也打算搶攻印度市場了。日本的咖哩，試圖挑戰元祖的咖哩國度。

我很喜歡「壹番屋」和其他日本咖哩，下班也常去光顧。跟印度的咖哩店比起來，配菜的種類相當豐富，咖哩種類倒是不怎麼多。可是，每一家店都有相同的菜色，味道也都有一定的水準。我每次吃都好感動，這是連鎖商店系統完善的最佳證明。

也不是只有壹番屋如此，日本的咖哩連鎖店味道都不錯。那些連鎖店都使用健康食材，店內環境和餐具也很乾淨。日本改良了印度的咖哩，確實可以感受到進步的氣息。

最近日本人做的法國料理，在法國也很受歡迎。這就跟日本成功改良咖哩一樣，從法國流傳到日本的法國料理，也醞釀出改良的成果了。

我跟「壹番屋」的浜島俊哉社長碰面時，曾問他為什麼想搶攻印度市場？印度不是咖哩的產地嗎？他的回答相當積極進取。

「豐田一開始搶攻美國市場，其他人也有同樣的疑問。」

這下我終於聽明白了。

我認為壹番屋成功的機率很高。當然，印度也有不少咖哩店，但很少有店鋪像日本那樣連鎖經營。況且日本的咖哩，味道確實是一流的，就算定價跟日本本土一樣貴，大都市也有越來越多中產階級吃得起。壹番屋在泰國等東南亞國家，保持著「高級餐廳」的形象，獲得了巨大的成功。

不管是教育或飲食，印度企業都沒有推動系統化和連鎖化，印度人沒有按照既定準則做事的好習慣。所以，人員和環境一改變就會產生嚴重的差異。從這個層面來看，懂得利用系統和準則的日本企業，在印度的各行各業都有很大的商機。

還是有三分之一的印度人沒電可用

接著來談談跟日本企業無關的話題，我先歸納一下印度是如何成為「ＩＴ大國」的。

一九七〇年代以前的印度，龐大的人口純粹是國家的負擔。除了農業以外也沒有什麼值得一提的產業，更沒有創立新產業的人才。為此，印度幾乎沒有中產階級，企業不會看上沒有中產階級的市場。一九八〇年代初等教育普及後，才改變了印度的狀況。

多虧初等教育普及，年輕有能力的勞動力迅速增加。沒有他們的貢獻，印度開放經濟自由化也不會發展到今天這個地步。印度得以成為全球矚目的「ＩＴ大國」，也是初等教育普及的關係。

隨著ＩＴ和其他新產業成長茁壯，印度的中產階級也增加了。國民的生產力提升，購買力也有飛躍性的進展。印度市場的魅力上揚，外資企業也加速搶占印度，良好的經濟循環是這樣得來的。

發展經濟不可或缺的基礎建設，也終於開始推動了。計畫經濟時期的印度，人們甚至沒有付費使用高速公路的念頭，反正路都是國家鋪的，免費使用是理所當然的事情，沒有高速公路可用那也無可奈何。

直到經濟開始發展，人們寧可付費也要使用高速公路。於是，政府決意興建高速公路，興建事業在當地創造就業機會，進一步促進經濟活化。

印度的經濟有了顯著的成長後，那些留美的人才終於願意回來了。他們體驗過印度人不熟悉的資本主義和自由經濟，也明白箇中訣竅。這些回國的人才有的擔任外資企業的印度法人幹部，有的白手起家創業，成為印度和世界接軌的橋樑。

「ＩＴ」引爆了經濟成長的力道，可惜跟日本等先進國家相比，印度還是落後國家。尤其在基礎設施方面，印度遠遠不及先進國家。從印度整體來看，還是有三分之一的國民過著沒有電力的生活。

而在產業方面，ＩＴ和高科技產業雖有世界級的水準，製造業的生產性卻上不了檯面。基礎設施的整備和製造業的近代化，是印度追求發展不得不解決的課題。

第四章
掌控印度的權貴

印度首屈一指的富豪穆克什・安巴尼

「貧富差距」最近在日本被視為一大問題，其實印度的貧富差距比日本嚴重多了。印度有八億人口生活困苦，卻也有世界知名的大富豪存在。

印度的貧富差距本就懸殊，一九九〇年代經濟自由化以後更是變本加厲，很多人沒有享受到經濟成長的恩惠。可是，有一部分人抓住了機會，成功賺取巨額的財富，甚至還有不靠祖輩庇蔭就打造出財閥的新興富豪。其中最具代表性的，就是有名的「印度鋼鐵王」拉克希米・米塔爾。

米塔爾先生跟我一樣，都是拉賈斯坦邦的鄉下小鎮出身。一九七六年，二十五歲左右的米塔爾先生，創立了「米塔爾鋼鐵公司」（現在改叫安賽樂米塔爾公司）。該公司在世界各國收購競爭對手，終於成為全球第一的鋼鐵企業。

目前米塔爾先生還是安賽樂米塔爾的會長兼執行長，將近五成的股權都掌握在他們家族手裡。二〇一一年，他登上美國「富比士」雜誌的全球富豪排行榜第六名，現在公司的股價下跌，他的排行也滑落到五十名左右。然而，資產還是有一百六十億美元以上。

近年來「信實集團」的總裁，穆克什．安巴尼先生超越米塔爾先生，成為印度首屈一指的大富豪。他的資產大約有兩百四十億美元。二〇〇八年登上全球第五大富豪的寶座，那時候他的資產約有七、八十億美元。

信實集團是穆克什先生的父親，德魯拜．安巴尼創立的新興財閥。德魯拜先生也是登上印度大銀幕的傳奇經營者，他年輕時到葉門工作賺錢，回國後做起衣物和香料的小買賣。當時，他親自騎著腳踏車販賣商品的故事也很有名。一九六〇年代，他創立了石化企業「信實工業」，也涉足電力、通訊之類的基礎建設。

德魯拜先生在一九八〇年代中期病倒，他的兩個兒子穆克什和安尼爾接手事業。兄弟二人壯大父親的財閥，如今信實集團足以跟塔塔集團、貝拉集團並列為印度三大財閥。

安巴尼一家不光是有錢，炫富的舉動也為人津津樂道。他們買下了國內高人氣的職業板球隊伍，還在孟買蓋了二十七層樓的豪華住宅，高一百七十公尺。這棟知名的建築採用醒目的現代主義風格，現在已經成為觀光景點了。

有錢「必需炫耀」

日本也有很多經商賺錢的富豪，但他們不太會炫耀自己的財富。印度就不一樣了，對其他人「炫富」是一件很重要的事。

這也跟印度的國情有關係，印度企業長期缺乏公開透明，也同樣有貪污賄賂的問題，誰拿了多少錢也沒人知道。財閥跟政客官僚互相勾結，不透明反而好辦事。可是，現在經濟體系改變，他們有必要「展現」自己的實力，否則得不到別人的信賴。

目前整個印度社會，瀰漫一種「只要抓住機會就能賺大錢」的氛圍。這是受到德魯拜・安巴尼和拉克希米・米塔爾等人的影響，他們都是赤手空拳打出一片天的人。

在印度想要抓住機會，「跟誰合作」遠比「做什麼」更重要。換言之，大家都想跟已經成功的人合作，而不是靠自己的力量經商。要當上合伙人就得推銷自己。哪怕自己只有十分的實力，也得表現出一百二十分的樣子，才能跟一百分的人合作。於是人們相信，只要說服成功人士一起合作，十分的實力也有辦法做到一百分的生意。

日本人很難理解這是什麼心態吧，就好像在欺騙對方一樣。不過，印度是講究

「個人」實力的社會。實力要獲得認可，就得做一些打腫臉充胖子的事情。

印度的三種富豪類型

過去在印度，上流社會的人總跟貪污圖利擺脫不了關係。事實上，沒有貪污得來的「黑金」也無法擠進上流社會。

經濟自由化以後，不必貪污也有機會賺大錢了。像IT界的創業家那樣，透過企業上市等合法手段賺錢，也可以擠進上流社會。在印度漫長的歷史中，這是前所未見的進步。

近年來，陸續誕生的印度富豪大致分為三個類型。第一種是成功的創業家，在第一章介紹的「矽谷教父」康瓦爾．雷基就是一例，不少人都是留美後在當地功成名就。他們的財產全憑實力得來，稱得上是「乾淨的錢財」。

第二種是壯大家族事業，成功賺進萬貫家財的類型。穆克什・安巴尼這一類的富二代就是最典型的例子。最後一種類型，是靠房地產飆漲而暴富的「地皮富豪」，印度快速的經濟發展帶來了房地產泡沫現象。

像「富二代」和「地皮富豪」，他們賺的就不見得是「乾淨的錢財」了。這些人活在「舊印度」之中，圖利和賄賂情事還是時有發生。

此外，財閥的富二代都有幾個共通點。首先，他們從小就讀私校接受英語教育，大學前往歐美留學，年齡多半以四、五十歲為主。這些人是隨著印度的經濟成長期，闖出個人資歷的世代。他們活用祖輩建立的政商關係，成功壯大家族事業。

權貴的「私人俱樂部」

這些富二代經營者，可以迅速取得政府開放產業的相關資訊。背地裡，政府也有收受賄賂圖利財閥吧。富二代獲得相關資訊或權利後，就用充沛的資金發展新事業。他們受過歐美教育，也很積極朝海外發展。

有不少富二代活用財力，在政治界擁有極大的影響力，我就親眼見過官商勾結的狀況。我認識的某位官員剛好跟財閥的經營者吃飯，我就一同列席參加了。

他們二人的上下關係令我非常驚訝，財閥經營者的地位，竟然比現任官員還要高。從他們的對話方式，也看得出官員對經營者畢恭畢敬。國民選出來的政治家，在公開場合絕不會表現出那樣的姿態，只有在私下吃飯時，你才看得到那些財閥擁有多大的權力。

最近，日本的政治人物渡邊喜美，跟支持者借了數億元的資金，事情爆發後鬧得沸沸揚揚的。這點程度的小事，在印度可謂比比皆是，借個幾億元根本不算什麼。印度那些擔任高官的政治家，收受賄賂也是好幾億起跳的。

在印度這個國家，人脈和資訊就等同於財富，政商勾結的關係也算在內。跟誰交往，得到什麼樣的資訊，對生意有很大的影響，尤其在「舊印度」更是如此。從這點來看，富二代可以充分發揮他們的優勢。

以富二代為首的權貴階級，會自己組成小團體，伙伴之間共享資訊和利益。像新德里或孟買這些大都市的「私人俱樂部」，就是交換資訊的場所。

我一位經商的朋友，曾帶我到新德里的私人俱樂部。他跟我一樣四十多歲，也是承接家業的富二代，公司的規模不到「財閥」的地步，但資產也超過一億美元。

俱樂部位在高級住宅區，也沒有什麼看板。外觀就跟大型別墅一樣，俱樂部老闆在玄關迎接貴賓到來。老闆跟貴賓的關係親密，貴賓之間也都互相認識。有點類似會員制的高級餐廳吧，只不過顧客都是企業領袖、政治家、官僚、媒體從業人員等等。

我造訪的那間俱樂部，每人用餐要價三百多美元。也不是付得起就能進去，這就跟日本有些高級料理店，要有人介紹才進得去一樣。

私人俱樂部當中，那些權貴團體會互相交換不為人知的資訊。當然，利益輸送和貪污賄賂的情況是免不了的。

至於同樣很有錢的「地皮富豪」也很厲害，只是他們厲害的方式，跟那些聚集在私人俱樂部的富二代不一樣。他們有的是大把鈔票，過的也是紙醉金迷的奢華生活。

大都市裡的歐美精品店裡，有一大堆的地皮富豪，甚至還有女富豪買下整間店裡的所有精品。最近，也有人一次買下兩百五十台賓士，造成不小的話題。這些人一下子擁有大筆的錢財，卻不知道如何善用才好。

不消說，再沒水準的顧客只要有錢消費，店家也會歡迎他們。就某種意義來說，地皮富豪象徵著印度的成長力道。不過，他們不具備富二代的人脈和資訊，也沒有持續經商賺大錢的能力，有不少人短時間就花光賣土地得來的錢。

金融界女性人才輩出

說到印度，大家可能會以為這是一個男尊女卑的國度。印度確實有性別歧視，現在有許多鄉下地方的女孩子，連受教育的機會也沒有。更極端一點的地區，父母一生下女兒就會直接殺掉。然而，這種情況僅限於「舊印度」。

中產階級以上的人民隸屬於「新印度」，女性出入社會並不罕見。中產階級的女性工作是稀鬆平常的事情。而在職場上，也徹底落實男女平等的觀念。

如果比較日本和印度女性在企業活躍的比例，印度應該比日本還高才對，說是全世界最進步的國家之一也不為過。凡事落差大是印度的特色，女性的待遇在新舊印度之間，也有極大的落差。

女性創業家也越來越多了，其中最具代表性的，就屬基蘭．瑪茲穆德．肖女士了，她是印度生技產業龍頭「百康」的創辦人。她曾經被美國「時代」雜誌選為「全球最具影響力的百大人物」，日本經濟新聞社有一個獎項叫「日經亞洲賞」，專門頒發給亞洲的活躍人才，她也在二〇〇九年獲獎。

一九五三年生的肖女士，年齡跟那些富二代差不多。唯一不同的是，她的財產是靠自己賺來的，資產額約九億美元。她透過自己創辦的財團，在貧困地區設立許多醫療診所，努力提供各種醫療支援，這些善行在印度非常有名。

現在印度的經濟界，有越來越多女性跟肖女士一樣身居要職，尤其金融界更是如此。好比印度最大的商業銀行「印度國家銀行」（ＳＢＩ）、「印度證券交易所」、「印度工業信貸投資銀行」等等，「印度工業信貸投資銀行」可是除了日本銀行以外，第一家在紐約上市的亞洲銀行。這些金融機構的領導者都是女性擔任，另外「摩根大通」、「美林證券」、「摩根史坦利」等歐美金融機構的外國法人組織，也有印度女性擔任領導者。

ＩＴ、科技業、金融業都是象徵「新印度」的產業，現在這些產業都要依靠女性幹部才有辦法運作下去。反觀日本的龍頭企業高幹，幾乎還是中老年男子居多，至少在「新印度」發展的企業，不會有這樣的情況發生，女性高幹反而還比較多。

只是「舊印度」就不是這麼一回事了，男性手握大權的產業還是占大多數，特別是製造業、基礎建設事業、房地產事業等傳統財閥把持的產業。我不時會參加印度企業的會議，光看女性高幹的人數，就不難瞭解該企業的體質如何了。

「中產階級」的生活情況

印度的富豪越來越多，中產階級也在快速增加。從整個印度來看，中產階級的人口或許提升到兩、三成左右了，中產階級的比例象徵國家的成熟度。從這一點來看，印度還遠不及日本等先進國家。不過，今後印度的中產階級會持續增加。

同樣一個詞，「中產階級」在印度也有百樣情，例如孟買的「中高所得階級」，不少人的月薪超過一萬美元。最典型的是那些留學歐美，回國後在外資企業擔任幹部的人，他們上下班有專屬的司機接送，甚至有錢聘請家庭幫傭。經濟自由化以前沒有這種類型的人，從這個角度來看，他們稱得上是「新富裕階級的象徵」。

想躋身「中高所得階級」，精通「英文」是最基本的條件。印度的大企業主要都是用英文溝通，不是外資企業也一樣。在印度，學習「英文」是致富的第一步。

那麼，比「中高所得階級」低一層的平均中產階級，到底過著什麼樣的生活呢？我的哥哥在印度公家銀行擔任分行經理，他就是很典型的中產階級。我介紹一下他的生活，各位就能瞭解印度中產階級的生活情況了。

哥哥住在旁遮普的帕提亞拉，位於新德里的西北方，兩地相距兩百五十公里左右。那是一座人口大約七十五萬的中型都市，在國內也是歷史悠久的城鎮。

哥哥的家庭有大嫂和兩個女兒，每月收入是七萬盧比（約一千美元）。大嫂是家庭主婦，哥哥是家中唯一的收入來源。這種收入比不上中高所得階級，但在印度已經算是菁英了。

他們住在一百平方公尺左右的公寓中，房子是銀行的宿舍，不用花租金。光這一點就比大多數印度人幸運了。

印度的房地產價格飆漲，租金也跟著水漲船高。同樣的公寓在新德里要價七萬盧比，形同哥哥所有的薪水。孟買的精華地段是印度物價最高的地區，房租一個月要二十萬盧比（約三千美元），一般中產階級根本付不起。

所以，大都市的中產階級通常都住在郊區，每天花兩、三小時通勤也不足為奇。印度的大都市也不像日本，有那麼完善的地下鐵和電車可用，搭乘巴士是一般的選擇。無奈每個大都市的塞車問題都很嚴重，縱使通勤距離不遠，也都非常花時間。對印度中產階級來說，大都市並不是宜居的地方。

哥哥有一台汽車，是鈴木的小型車款，也就是日本的「ALTO」。汽車貸款每個月九十美元左右，油錢每個邦的花費不同，新德里每公升要價七十盧比（約一美元）。跟日本比是很便宜，但只有中產階級以上的人才負擔得起。

印度去年賣出了三百二十四萬台新車，跟日本的五百四十萬台（二〇一三年資料）比還差遠了。不過，考量到人口規模和中產階級持續擴大，在不久的將來汽車販賣數量肯定會超越日本。

哥哥的兩個女兒，一個讀高中，一個讀初中。她們都念國立「中央學校」，不需要支付學費。然而，印度的準考生有補習的習慣，大女兒已經要考大學了，每週補習三天，每個月費用是四十五美元左右。

其他比較大的支出，大概就是「外食費用」了。家族四人一起出去吃飯，通常都要花費四十五美元以上。當然，印度也有便宜的餐館，但中產階級不會去那邊用餐。日本的有錢人可以去便宜餐廳消費，印度人可不一樣。對印度人來說，吃飯地點也要符合「身份」。

印度人重視外在

所謂的符合「身份」，並不是愛慕虛榮的關係，印度是一個凡事看重「外在」的國家。

前面也提過，印度首屈一指的富豪穆克什・安巴尼，在孟買蓋了一棟二十七層樓的豪華住宅，那不單是他喜歡炫富的原故。印度的富豪必需彰顯自己的財力，不這樣做就無法獲得他人認可。

同樣的道理也適用在中產階級身上，中產階級就要過上中產階級該有的生活，否則別人不會承認你是中產階級，甚至對人際關係都有影響。

住在大都市的貧民區之中，可以省下不少生活費。可是物價再怎麼便宜，中產階級也不會去那裡生活。中產階級要住在合適的地區，去合適的店家吃飯才行。

維持生活水平也是在保護自己跟家人的安全。印度的治安之差，不是日本能想像的。尤其貧民居住的區域，犯罪發生率非常高。

二〇一二年底新德里發生了一起集體性侵事件，登上全球新聞版面。某位女學生跟未婚夫一起搭上非法的巴士，被六名男子性侵後丟出車外慘死。這麼悽慘的事件並不常見，但強盜和性侵等犯罪，在貧窮地區形同家常便飯。

去貧窮地區的餐廳吃飯，就很容易捲入危險的事件中。而且印度的警察辦案，還會先看犯罪發生的地點和被害人的身份。窮人受害的情況下，警察幾乎是不理人的。即便你是中產階級，只要你去便宜的餐廳吃飯，就會被當成沒錢的窮人。到時候出事情警察不會理你，旁人也可能不會救你。中產階級都知道這一點，沒有人想接近貧民區。

日本的父母都會教導小孩，不能夠以貌取人。在印度，「外觀」跟身份一樣重要，大家凡事都是從外觀來判斷，有時候這是攸關性命的問題。

印度人很注重自己的穿著，也跟這樣的國情有關係。穿好一點的衣服，就是在宣揚自己是個正經的人物，也是保護自己的手段。穿太差的衣服，很容易被別人看不起。我知道這很討厭，但這是印度的現實。

警察辦案的態度，也會依照被害人的服裝而有差異。如果是穿著高級的被害人，警察辦案會非常貼心；反之看上去像個窮人的話，警察根本懶得理你。「外觀」和「身份」，是印度人保護自己人身安全的重要手段。

沒有「啃老族」的國度

還有一點，在印度生活少不了「交際應酬」。印度人跟家人的感情很深厚，也保有敦親睦鄰的風氣。搭個列車或巴士，跟陌生人閒聊也是很普通的事情。總之從各個層面來說，印度是一個很看重「交際應酬」的國家。稍微思考一下印度的環境，你就會知道這是保護自己不可或缺的手段了。

印度的基礎設施不像日本那麼完善，除非你住在大都會裡，否則住家附近連個便利商店或餐廳都沒有。你只能仰賴家人做飯，跟他們一起用餐。在日本你花三百日圓就吃得到美味的牛肉蓋飯，在印度獨居可沒有這種好事。

另外，在日本發生急症打一通電話就有救護車趕來，這在印度是不可能發生的。你自己去醫院看病，醫院也有可能拒絕收人。為了避免類似的情況發生，平常要跟鄰居好好來往，努力拓展自己的人脈。要是鄰居剛好有認識醫生，你就能利用這層關係獲得醫療服務。警察也是一樣，你要透過親朋好友認識警界人士，出了事情警察才會幫你。換言之，盡量跟多一點的人交往，事先培養多一點的人脈，在印度生活是非常重要的。

日本有所謂的「孤族」，有越來越多人不跟家人來往，也沒有值得依靠的朋友。不跟別人交往還活得下去，那是日本基礎設施完善的原故，這種生活方式在印度是不可行的。日本為數眾多的「年輕啃老族」也一樣，啃老族都是有父母當靠山，才敢放心啃老。印度的父母可沒那個閒錢讓你啃。

印度也沒有日本的年金制度，更沒有便宜的安養院可住。年紀大了只能依靠兒女照顧，因此印度人都會建立家庭，重視家人間的聯繫。

莫迪總理是「最佳執行長」

二〇一四年五月印度舉行大選，納倫德拉・莫迪被選為新的總理。印度的菁英階級在這場事隔十年的政權輪替中，發揮了很大的作用。尤其中產階級，都很支持莫迪先生率領的印度人民黨（BJP）。

這種傾向在網路上特別明顯，印度有投票資格的人口超過八億人，其中約有兩億四千萬人口是網路使用者。去年一整年，網路使用者增加了五成左右，網路在印度迅速普及。

網路使用者的比例，正好跟中產階級相近。換句話說，印度網路使用者的比例，跟中產階級的成長是成正比。

在這一次的大選中，網路發揮了前所未有的作用。網路上流傳著各政黨和候選人的相關訊息，唯獨莫迪先生獲得壓倒性的支持。有人在臉書等社群網路媒體批判莫迪先生，結果被其他網友圍剿。那麼，為何中產階級這麼支持莫迪先生呢？

莫迪先生在古吉拉特邦擔任首長十二年以上，古吉拉特邦的經濟發展有目共睹，但他的功績遠不只如此。自從他擔任古吉拉特邦的首長，古吉拉特邦的貪污情事大幅降低了，公務員也開始產生「公僕」的自覺。在過去，公務員不會把人民當「貴客」，公務員的地位永遠在人民之上，態度也非常自大。而且貪污索賄的狀況嚴重，動不動就魚肉鄉民。

這種狀況在古吉拉特邦大有改善，因此印度頗有公信力的經濟雜誌，贈予莫迪先生「最佳執行長」的稱號。政治家獲得企業經營者才配擁有的稱號，這也是前所未聞的事情。

莫迪先生把古吉拉特邦整治得不錯，印度人民黨他也帶領得很好，確實配得上「最佳執行長」的稱號。而且在印度的政治圈當中，他是難得沒有私欲的人。要比清廉的話，前任總理曼莫漢．辛格也不錯，但曼莫漢．辛格沒有積極消除貪污。除此之外，莫迪先生的領袖魅力也非前任可比，我個人對他也抱有很大的期待。

另一方面，當時執政的國大黨推出的候選人拉胡爾．甘地，是莫迪先生的競爭對手。可是，人民並不支持拉胡爾．甘地。拉胡爾先生是「尼赫魯．甘地家族」子弟，尼赫魯．甘地家族自印度獨立以來，一直把持著印度的政治界。他的曾祖父是第一任總理尼赫魯，祖母是英迪拉．甘地，父親拉吉夫．甘地也當過總理。他的母親桑妮雅．甘地出身義大利，是國大黨現任總裁。然而，光是出身名門，已經無法攀上印度的大位了。就某種意義來說，印度的民主主義也算真正成熟了。

莫迪先生與日本的關係

莫迪先生率領的印度人民黨，想要組成一個講究自由競爭的「分權政府」。相對地，失去政權的國大黨，走向傳統的「集權政府」路線，並透過公共事業積極擴大支出。這當中牽涉到利益輸送和官商勾結，儼然是貪污圖利的溫床。國大黨一直沒有處理這些問題，也是人民唾棄他們的原因。

財經界對莫迪先生也抱有高度的期待，其中包括了在「舊印度」經商的財閥。那些財閥在莫迪政權之下，想必還是擁有很大的影響力吧。大家也都在關注，莫迪先生能否整治底下支持者的「貪污問題」。

我跟莫迪先生見過幾次面。他曾到日本招商，希望日本企業投資古吉拉特邦，我們就是那時候碰面的。

事實上，古吉拉特邦在印度是個難得講究規律的地方。那裡的人都很守時，我也看過客人在店頭乖乖排隊的景象。我在會議上想起了古吉拉特邦的民情，就跟莫迪先生說：

「日本人和古吉拉特邦的民情滿相近的，您招商一定會很順利。」

「是嗎，多謝你告訴我這個好消息。」莫迪先生聽了，開心地點點頭。

日立和其他五十多家日本企業，已經在古吉拉特邦設立據點了。鈴木汽車也考慮在古吉拉特邦設立新工廠。

莫迪先生在印度是知名的「親日派」政治家，跟安倍晉三首相的關係也頗為親密。有些歐美媒體擔心莫迪先生是「印度教至上主義」，其實他是相當務實的「執行長」。

「IT」產業大幅改變了印度的經濟。至於「納倫德拉・莫迪」主政，能否改變印度的政治與社會，印度國民都抱有很高的期待。

萬眾矚目的政治家阿爾文德・吉利瓦爾

二〇一四年大選之際，還有一個政黨的人氣不下於印度人民黨。那就是僅次於印度人民黨和國大黨的第三勢力「百姓黨」。

百姓黨是二〇一二年十一月組成的新政黨，本來是社會運動家安納・哈扎爾推行的反貪腐運動，後來發展成一股政治勢力。七十六歲的哈扎爾先生被喻為「現代甘地」，二〇一一年發起反貪腐絕食抗議行動，因而聲名大噪。

百姓黨成立不過一年，就參與國家首都轄區的議會選舉，甚至一躍成為僅次於印度人民黨的第二勢力。黨魁阿爾文德・吉利瓦爾，也當上了首都轄區的首長。

當時，吉利瓦爾先生的人氣，比莫迪先生還高。人們認為他有可能在大選中，擊敗莫迪先生成為總理。可是，自從他當上首都轄區的首長，人氣就逐漸下滑了。

政治家要想方設法說服意見不同的人，不能只顧堅持己見。但吉利瓦爾先生當上首都轄區的首長，還是擺脫不了在野的氣質，經常攻擊與他對立的政治人物。當他主導的反貪污法案遭到杯葛，才就任四十九天就放棄了首長的寶座。這也是大家對他失望的一大原因，這一次的選舉，百姓黨的支持度並沒有提升。

吉利瓦爾先生跟我一樣，都是印度理工學院（ＩＩＴ）的畢業生。他曾在塔塔鋼鐵任職，之後考上國稅局的「ＩＲＳ」考試，成功當上了官員。

對我來說，吉利瓦爾先生不單是印度理工學院的校友。他辭去國稅局的工作，往政壇邁進也跟我脫不了關係。

十多年前，也就是二〇〇三年的時候，我的一位好友在印度被殺害了。他是印度理工學院坎普爾分校的畢業生，薩特延德拉・克瑪爾・杜別。他曾經是中央政府的技術官僚，因為公務而捲入貪污事件中喪命。

杜別來自印度最貧窮的比哈爾邦，過去在印度理工學院就讀土木工程系，我們住在同一棟宿舍，關係相當不錯。畢業以後，他成為政府的技術官僚。

一九九〇年代末期，印度人民黨的瓦傑帕伊總理掌握政權，計畫在印度全境建設高速公路。杜別是推動計畫的負責人，回到自己的故鄉任職。比哈爾邦的治安奇差無比，有些地區還是黑幫統治的，他們跟政客官僚聯手保護自己的利益。這麼混亂的地方，突然決定推動大規模的公共工程，對那些貪贓枉法的人來說，無疑是獲取更多利益的一大良機。

高速公路的建設計畫推動到一半，杜別就犧牲了。地方上的既得利益者認為他「礙事」，就派人殺害他了。

杜別從大學時代，就是一個清廉正直的好人。我們幾個好友常聚在宿舍聊天，他說從我們這一代開始，要改變貪污腐敗的「舊印度」。他懷著壯志和夢想當上官員，希望改革貧困的故鄉，這份夢想竟以悽涼的形式收場。

杜別的遺體被發現以後，警察也沒有搜查的動靜，只打算以「強盜殺人」結案，畢竟那裡天天都在上演強盜殺人事件。杜別雖然是中央政府的公務員，但並非足以驚動政治家的大人物。警察和地方上的既得利益者，也希望盡快塵埃落定。其實只要認真調查貪污情事，一定會發現政客和高級官員也參與其中，偏偏沒有人願意查個水落石出。

杜別被殺害的事件發生時，我人在東京工作。印度理工學院的老同學通知我這件事，我驚訝得說不出話來。自己的好友成為殺人事件的犧牲者，我從來沒遇過這種事。

當我得知搜查完全沒有進展後，內心也燃起了熊熊怒火。為什麼我的好友非死不可？為什麼一心想做好事的人死了，殺人犯和幕後黑手卻逍遙法外？為什麼印度永遠改變不了貪腐陋習——？好多的疑問浮現心頭，煩得我根本沒辦法工作。

我思考著該如何繼承好友的遺志，同時坐到電腦前面專心敲打鍵盤。我打了一封請願書給印度總理，請他調查好友被殺害的事件。

當然，我一個人寫請願書總理也不會當一回事。於是，我透過網路呼籲全球印度理工學院的校友聯署。二〇〇一年，我在日本設立了印度理工學院的校友會，藉由這個活動跟全球的校友會建立了關係。

我的請願書獲得了出乎意料的廣大回響，各國的校友紛紛署名支持。全球一百多個國家有將近五萬人聯署，大多數人跟我一樣，都是住在海外的印度人。

在印度幫助我們進行聯署的，正是當時任職於國稅局的阿爾文德・吉利瓦爾先生。

印度最大的問題是「貧困」和「貪污」

印度第一任總理尼赫魯創立印度理工學院，是要培養肩負國家未來的人才，而印度理工學院也確實化育出不少英才。很多在美國活躍的印度創業家，都是印度理工學院出身的，當上跨國企業幹部的人才也不在少數。國內也有很多人當上技術人員或研究員，甚至成為官僚或政治家，掌握國家的行政中樞。如果沒有印度理工學院，我也不會來到日本發展了。

校友們不管身在何處，不管從事任何工作，都不會忘記「為印度貢獻」的創學理念。對印度理工學院的學生來說，這是我們的使命。

印度最大的社會問題是「貧困」和「貪污」，這兩大問題有密切的關聯。政治貪腐就解決不了貧困問題，有貧困問題人們才會想貪污。我們印度人必需解決這兩大問題，否則印度不會有光明的未來。

在印度漫長的歷史中，教育和知識從來沒有這麼普及過，足以跟權貴對抗的中產階級也逐漸形成了。現在正是勇於消滅「貧困」和「貪污」的絕佳良機。

過去印度人從未想過，中產階級可以發起運動對抗社會毒瘤。一方面是統治

「舊印度」的權貴太過強大，一方面是中產階級數量有限，不具備政治影響力。

不過，時代已經不一樣了，現在正是「新印度」取代「舊印度」的時刻。我們這些印度理工學院的校友，正是這股潮流的先鋒。所以，當杜別被殺害的事件發生時，我無法容忍自己毫無作為。

阿爾文德・吉利瓦爾先生帶著五萬人的聯署，前往總理官邸請願。這起聯署活動也被印度的媒體報導出來，有些媒體也跑來採訪我，甚至連總理官邸都有跟我聯絡。

遺憾的是，搜查依舊沒有任何進展。我發起的聯署活動被當成了政治議題，在野黨利用杜別被殺的事件，登報攻擊執政黨。我並沒有譴責執政黨的意思，印度人民黨的瓦傑帕伊總理從國大黨手中奪回政權，我個人是對他抱有期待的，所以才會向他請願。到頭來，杜別事件受到各種政治因素影響，真相永遠石沉大海了。

要解決印度的貪污問題並不容易，自從ＩＴ產業引進印度後，車站或機場比較看不到公務員對百姓索賄了。然而，涉及龐大利益的貪污事件，還是沒有改變。

我們發起的聯署活動，成了吉利瓦爾先生從政的契機。他是一個很正直的人，看得出來他是真心想要消除貪腐。可是，吉利瓦爾先生比較像「革命家」，而不是「政治家」，他也欠缺政治家該有的實務能力。

如果吉利瓦爾先生當上總理，一定會比莫迪先生更努力消除「貪腐」才對，但印度國民選擇的是莫迪先生。經濟手腕高明的莫迪先生主政，至少「貧困」問題會大幅改善吧。

說不定印度真正需要的是一場革命，只是光看這一次的大選結果，印度人民並不期望革命發生，這才是實務能力高強的「政治家」當選的原因。

另一方面，我發起的聯署活動在日本有了意外的「收穫」。透過這一次聯署活動，我跟全球的印度理工學院校友，建立了密切的關係。也多虧有這些人脈，我才可以召開大規模的國際會議，促進日本和印度的關係。

第五章

日本和印度不同，可以互補互助

從「咖哩」到「數學」，最後成為「證券業人士」

一九九六年八月二十一日，我第一次來到日本這個國家。因為我跳槽到東京廣尾地區的新創企業 GenTech，參與人工智慧的研究開發。我剛好在報紙上看到一則小小的求才廣告，這就是我轉職的契機了。

讀完印度理工學院以後，我曾在高德瑞治集團工作一年左右。對於工作內容我並沒有什麼不滿，但那家新創企業的廣告打動了我的心。

日本的技術一向走在世界尖端，像我這種理工專業人才對日本很感興趣。況且，那時候印度理工學院的畢業生，幾乎沒有人去日本發展。我喜歡做一些跟別人不一樣的事情，剛好日本的新創企業求才，我就投了履歷，也順利得到這份工作。

我到現在都還記得，剛來日本的那一天發生了什麼事。我從成田機場前往赤坂的飯店，跟新公司的同事會合後，同事帶我到公司幫我準備的套房公寓。房裡有寢具、冰箱、窗簾等各式生活用品。接著我馬上換好西裝去公司報到，西裝是我決定來日本發展後訂做的，這也是我有生以來第一次做西裝。穿著不習慣的西裝走在路上，我一下子就熱得滿頭大汗。

那一天氣溫超過三十五度，孟買的天氣也很熱，但人們沒有穿西裝的習慣。那時候只有特別氣派的大樓才有空調，因此大家都穿著襯衫工作，沒有人穿西裝。

我一直以為日本是「穿西裝工作的國家」。不過，GenTech 跟我想像的完全不一樣，每個人都穿T恤和短褲上班，員工的國籍也很多元，有來自美國、法國、新加坡、香港等地的年輕技術人員，簡直就跟矽谷的新創企業一樣。我穿著西裝汗流浹背，還被大家笑呢，真是令人懷念的往事。

來日本以前我沒去過其他國家，舉目所及的一切都很新奇。最令我驚訝的，莫過於日本的系統十分完善。電車幾乎都準時到站，乘客也都乖乖排隊，站務人員也不會對乘客索賄，我很快就愛上日本了。

當初住在日本的印度人約有六千多人，不到現在的四分之一。在日本人眼中，印度人也是很稀有的人種吧。我搭計程車的時候，司機常笑著跟我說，他們很喜歡吃咖哩。

我在日本待了兩年左右，差不多是一九九八年的時候，有一部印度電影「木圖，跳舞的大君」在日本爆紅。我跟朋友一起去澀谷的電影院觀賞，人潮多到還有人買站票觀賞。電影播放的過程中，觀眾們還激動叫好。可是，我有點跟不上現場熱鬧的氣氛。所有觀眾裡只有我一個印度人，偏偏我是最不能理解電影內容的人。

演員說的坦米爾語我聽不懂，底下的日文字幕我也看不懂。我一個人坐在激動觀賞印度電影的日本人中間，有一種很不可思議的感覺。那時候，我留著跟主角相似的鬍子，電影流行一段時間後，日本朋友都調侃我，說我根本是電影裡的主角。

到了二〇〇〇年，日本和印度的關係變密切了，有越來越多印度的ＩＴ人才來到日本。那時候搭計程車，不少司機都問我，印度人是不是很擅長數學？「ＩＴ」產業讓印度人漸漸擺脫「咖哩」的形象了。

印度的ＩＴ人才大量流入日本，主要是二〇〇〇年的森喜朗首相，難得以日本領袖的身份造訪印度的關係。當時日本和印度認定彼此是「二十一世紀的全球合作伙伴」，日本積極接納印度人才。二〇〇一年印度的瓦傑帕伊總理也來到日本，兩國的交流迅速增溫。

同時，日本金融界發生了「金融大改革」。外資金融機構的業務持續擴大，在東京工作的外國金融人士快速增加。其中，也有不少印度人。他們多半來自歐美的總公司，負責開發金融系統。有些外資大企業，甚至還雇用上百名印度人工作。

來到日本兩年後，我在一九九八年被外資金融機構挖角了。一開始是德國的德勒斯登證券股份有限公司，再來是美國的高盛。

跳槽到外資金融機構工作，我也搬到離公司比較近的赤坂地區了。我在赤坂招計程車的時候，司機常問我證券業是不是很辛苦？赤坂有許多外資金融機構，不少印度人也住那裡。當時，西裝革履的印度人背著背包走在街上的模樣，也算是赤坂當地的知名景象了。

我來日本並沒有多久的時間，大家對印度人的印象一再改變。起先是「咖哩」，之後變成「ＩＴ」，接著又變成「證券業人士」。

為什麼西葛西地區有印度人社群

東京的西葛西地區住了不少印度人，這一點也算滿有名的。二〇〇〇年開始印度的ＩＴ人才變多，西葛西地區也出現了印度人的社群團體。外資金融機構多半集中在赤坂地區，但印度人集中在西葛西地區，主要跟日本的房地產問題有關。

當時很多房屋仲介都不歡迎外國人，我自己也被拒絕過。唯獨「日本住宅公團」（現在的UR都市機構）不會歧視外國人，只要有合法的滯留簽證，外國人也能租到房子。

西葛西的車站附近，有大規模的公團租賃住宅。這個訊息在印度人之間傳開，剛來日本的印度人就聚集到那裡。

旅日印度人的團體中，有一個很知名的人物叫賈格莫罕．錢德拉尼，他號稱是「西葛西的教父」。這位賈格莫罕．錢德拉尼先生，一九七八年來日本從事貿易工作，後來定居日本經營紅茶進口生意，也獲得了不錯的成就。他是最早住在西葛西的印度人，也是同胞們商量問題的好對象。他會幫忙同胞跟房仲交涉，甚至自願擔任保證人。很多印度人都是藉由他的幫助，才得以住進西葛西地區。

同樣是印度人，住在西葛西地區和住在赤坂地區的印度人就不太一樣。赤坂地區的印度人多半是從美國來到日本，在外資金融機構上班。而西葛西的印度人，則是直接從印度來到日本的，他們多半在大手町附近的日本企業，擔任ＩＴ技術人員。從西葛西地區搭乘地下鐵，前往大手町上班也非常方便。

現在有將近一成的旅日印度人住在西葛西地區，人數約兩千人。當地也有印度料理店、印度教寺廟、印度人就讀的國際學校等等，很適合印度人居住。

印度人就讀的國際學校，最近也很受日本人歡迎。印僑國際學校（ＧＩＩＳ）在二〇〇六年成立，這是東京的第二間印僑學校。第一間是二〇〇四年設立在江東區的「在日印僑國際學校（ＩＩＳＪ）」。

我本人也是印僑國際學校的顧問，這間學校由新加坡的印度財團營運，在美國、澳洲、馬來西亞，乃至印度國內都有開設國際學校。

當然學校是用英語授課，跟歐美的國際學校相比學費也比較便宜。教學內容方面，也很重視數學和其他科目的成績。另外，還會跟世界各國的國際學校互助合作，讓學生之間互相溝通交流，這種獨特的課程也廣受好評。

印僑國際學校的學生大約兩百九十人，學生來自十四個國家，日本學生占三成左右。在日本也有「多元化」環境，我認為國際學校是很適合培育「全球化人才」的地方。

回頭談談我在日本碰到的差別待遇。除了被房仲歧視以外，我也受過其他的差別待遇。我最不能接受的是，明明同樣都是外國人，大家對待歐美「白種人」的態度，跟對待我們印度人完全不一樣。

在我任職的外資金融機構，歐美人、日本人、印度人都是一起工作的。可是，身為「印度人」就是會被歧視，而且這跟能力好壞無關。有些同事對待歐美人完全是不同的態度，下班大家一起去喝酒，也同樣感受得到歧視。有些日本人似乎以為，每個「白種人」英文和頭腦都很好。

歐美先進國家的人，不需要簽證也可以入關。因此，有很多白種人來這裡當英文老師，過著逍遙自在的生活。反正只要是「白種人」，學歷不高也找得到英文老師的工作。

反之，印度人連要取得觀光簽證都有困難。日本政府表明要以「觀光立國」，但我之前邀請哥哥來日本的時候，還得擔任保證人才能讓哥哥入關。

印度人要在日本工作就更困難了，沒有大學學歷是拿不到簽證的。有鑑於此，住在日本的印度人多半是高學歷菁英。然而，大家還是覺得我們不如「白種人」。

亞洲人對「白種人的自卑感」並非日本獨有。長期被英國支配的印度人，對白種人也有很強烈的自卑感。我只是沒想到，日本跟歐美各國一樣屬於先進國家，竟然也會對白種人有自卑感。

在日本企業學到的疏通技術

二〇〇一年我在高盛上班，意外接到一份工作邀約。日本的證券公司瑞穗證券，想要挖角我去他們的公司上班。

過去我在印度的時候，連「高盛」的名字都沒聽過。來到東京發展以後，我也漸漸習慣外資金融機構的工作了。外資金融機構的酬勞和待遇都很不錯，我本來打算在外資企業多待一陣子的。我從沒想過，制度僵化的日本公司會主動找上我。

來挖角我的人，是當時在瑞穗證券擔任ＩＴ部長的木村先生。木村先生的思想前衛，日本證券公司很少有人積極推動人才國際化，他的部門雇用了超過三十名外國人。木村先生希望我負責全球整合業務，串聯世界各國的分公司。

「因為你是印度人，我才想把這份工作託付給你。」

木村先生誠心邀請我加入。從小在多元化環境長大的印度人，也確實很適合擔任文化交流的橋樑，這一點木村先生非常清楚。

我會前來日本發展，主要是跳槽到 GenTech 這家日本企業的關係。不過，GenTech 比較像是矽谷的企業，而不是「典型日式企業」。從這一點來看，瑞穗證券就是很典型的日式企業。難得來到日本，我也想在日式企業發展看看。於是，我決定跳槽到瑞穗證券上班。

那時候，富士銀行、第一勸業銀行、日本興業銀行在前一年合併，各家底下的證券公司也整合成瑞穗證券公司。這個大家庭的成員，過去都在不同的公司上班。

我剛進瑞穗證券公司，最驚訝的是員工開會都靜悄悄的。以往我服務的外資金融機構，開會時不乏激烈的議論和交鋒。可是，瑞穗證券幾乎沒有任何議論。過了一段時間我終於知道為什麼了，因為有事先經過「疏通」，開會時早就決定好該處理的議題了。

我對「疏通」這種日本特有的習慣很感興趣，瑞穗證券有設立吸菸室，有些人明明沒有抽菸，卻總是跟抽菸的人聚在一起。他們是在私人空間裡，跟各單位的負責人疏通事情。畢竟公司才剛合併，員工之間很多事情都要謹慎處理。光是看到那樣的景象，對我來說就是一種寶貴的經驗。

在瑞穗證券服務三年後，我跳槽到瑞銀證券，重回外資金融機構服務。我的職責是開拓新的事業，之前在瑞穗學到的「疏通」技巧，派上了很大的用場。

瑞銀證券的股務部長做事激進，法務部長則慎重保守，這兩個人經常對立。每次股務部長提出什麼方案，法務部長就會面有難色地表示反對，會議完全討論不出一個結論。我每次都必需替他們二人「疏通」。

我不認為「疏通」是萬能的。過去我在瑞穗證券服務時，也曾經發生過荒謬的提案闖關成功的情況，而且會議上大家都沒有表示意見。這就是疏通工作太完備的缺點。

也許，日本人不擅長當面反對別人的意見吧。在我看來，日本人同意對方的行為，也是在減輕自己的心靈負擔。在日本，跟大家意見不同的人會被視為「不懂察言觀色的白目」。然而，在全球化的環境中，我們必需要有表達意見的勇氣。「疏通」有好也有壞。

上班族主持國際會議

我的大學同學捲入貪污事件中喪生，那時候我在瑞穗證券工作。前面我也寫過，我寫了一封請願書，要求印度總理徹查真相，並且還發起聯署活動。透過那一次活動，我認識了世界各地的校友。

當時印度理工學院的校友，很多在歐美國家創業有成。也有人當上跨國企業的幹部，或是成就斐然的研究員。雅虎社群網路服務開始普及，這些人也逐漸產生聯繫。

印度理工學院的校友，會定期在世界各地召開大型會議。我在日本成立印度理工學院的校友會以後，也有定期參加那些會議。我是特地請假，自掏腰包去參加的，現在我還是很感謝以前瑞穗和瑞銀證券的上司通融。

後來，印度理工學院的校長問我，何不在日本召開會議？正好「ＩＴ」產業蓬勃發展，日本也開始對印度感興趣了。話雖如此，日本和印度的文化交流有限，召開會議或許日本人會更加瞭解印度。

我在處理瑞銀證券的工作之餘，也開始準備召開會議。問題在於，我該如何召集更多人參加？過去印度和舉辦的國家，都有產官學界的重要人物參與。

我透過印度理工學院的人脈，聯繫到了印度的相關人士。另外，我在日本的政治界也有越來越多朋友。自從我設立校友會的分部，每當印度有年輕國會議員來訪，我就會介紹他們給日本的政治家認識。

從那時起就有不少日本政治家幫助我。比方說，在安倍內閣擔任內閣府副大臣的西村康稔先生，還有擔任外務副大臣的岸信夫先生，他也是安倍晉三首相的弟弟。其他還有在上一屆安倍內閣擔任官房長官的塩崎恭久先生，民主黨的系川正晃先生等前眾議院議員。流山市的井崎義治市長，也歡迎印度的國會議員前來視察。當我們前往市立育幼院的時候，印度的政治家都非常吃驚，因為印度沒有那樣的育幼設施。

我是認識了一些政治家，但我在日本的人脈還是很有限。就在我一籌莫展時，印度的前駐日大使阿夫塔伯・塞斯先生對我伸出援手。

塞斯先生是開拓兩國關係的先驅，一九六〇年代他到慶應大學留學，學成後進入印度外交部任職，展開了他的外交官生涯。擔任過駐日大使後，他又到希臘和越南服務，二〇〇〇年他再次被派到東京，擔任駐日大使三年。後來他退休不再擔任外交官，轉往慶應大學擔任教授。

塞斯先生在求學時代，曾利用「羅德獎學金」前往英國牛津大學深造，那可是全世界最具歷史的獎學金制度。此外，他以前念過名門子弟雲集的「杜恩公學」，在各領域都有深厚的人脈。

印度很少有「日本通」，塞斯先生算是少數的例外。他的日文造詣精深，擔任大使的時候不帶口譯就直接晉見天皇陛下。他還好心教導我日文的書寫方法，帶我認識許許多多的重要人物。

其中一位重要人物，就是時任慶應大學校長的安西祐一郎先生。安西校長提供慶應大學的設施讓我們召開會議，還邀請其他大學的人士一起參與。多虧有他的幫忙，總共有超過十間以上的國立和私立大學共襄盛舉，也包括了東京大學和京都大學。

用印度理工學院的光環推銷印度

二〇〇七年十一月，印度理工學院校友會順利召開會議，會議名稱叫「日印合作，建構兩國的戰略合作關係」。日本和印度的產官學界人士都有參加。過去日印兩國間的會議，規模都沒有這一次來得大。

會議召開的時機也很剛好。前一年的十二月，時任印度總理的辛格先生造訪日本，跟安倍首相達成了「德里・孟買產業人動脈構想」，所以產業界也開始重視印度。這個構想其實就是巨大的開發企畫，由日本支援德里和孟買這兩大都市的鐵路興建，並且建設工業園區、發電廠、商業設施等等。安倍首相也表示之後會造訪印度，把日印關係視為「全球最有潛力的兩國關係」。安倍首相的這一番話，也讓更多日本人開始關心「印度」了。

這次會議得以召開，全仰賴許多人的熱心幫助。除了塞斯先生和安西校長以外，慶應大學的井村純教授（現為環境情報學部長），還有「日印協會」理事長平林博、堂道秀明（現為國際協力機構副理事長）、榎泰邦（現為 Sun and Sands Group 副社長）這三位前駐印大使也出力甚多。政治界則有經濟產業大臣甘利明（現為內閣府特命大臣），以及當時的橫濱副市長野田由美子鼎力相助。財經界則有當時東京證交所的西室泰三會長、印度經濟研究所的神原英資所長、三越社的中村胤夫社長等人支持，名單族繁不及備載。至於團體部分，則有印度大使館、橫濱印度商協會（現為在日印度商工協會）贊助，就連日本商工會議所、經團連、外務省、經產省等日本主要組織也有提供援助。

我選在日本召開會議是有用意的，其中一個用意是改變日本人對印度的看法。一九九六年我來到日本，在日本也待超過十年了。其間，日本人對印度人的印象有很大的改變。然而，大家對印度這個國家，還是停留在「貧困」和「開發中國家」的印象。

我認為「印度理工學院」這塊招牌，能夠扭轉大家對印度的看法。印度理工學院是化育出眾多英才的世界級名校，推廣「印度理工學院」這塊招牌，就會有更多日本人瞭解「新印度」了。

同時，我也想藉這次會議，改變印度人對日本的看法。過去我辭掉印度財閥的工作，轉往日本企業發展的時候，親朋好友完全沒有表示羨慕。很多人都無法理解，為什麼我要去日本這個小國家？印度年輕的菁英對美國十分嚮往，對日本卻沒有。

很多矽谷的印度創業家，甚至看不起日本，這主要是他們以前被日本看不起的關係。這些人在一九八〇年代創業，受到日本投資人的冷淡對待，日本投資人不肯理會沒有實績的創業家募款。後來，日本的泡沫經濟崩潰，經濟長久以來沒有起色，反倒是印度創業家在美國揚眉吐氣。就某種意義來說，雙方的立場完全顛倒過來了，現在他們是以「高人一等」的姿態在看待日本。

這些矽谷創業家和大多數的印度人一樣，都不瞭解日本的美好，這就好比日本人不瞭解「新印度」一樣。所以我想透過這一次的會議，向日本人推銷印度，也向印度人推銷日本。

好在媒體也很關注這場會議，ＮＨＫ還播了一系列的紀錄片，標題就叫「印度衝擊」。這個聚焦在「新印度」的節目，大幅改變了日本人對印度的看法。

這場會議的具體成果也不少，日產汽車社長卡洛斯・戈恩也有參加會議。他決定隔年造訪印度，在印度理工學院的總會上發表演說。之後日產汽車打算在印度設廠，清奈地區有印度理工學院的分校，日產汽車便決定在那裡設廠。除了日產汽車以外，許多與會的日本企業也打算到印度發展。

另外，印度理工學院又蓋新分校了。日本外務省率先提案，呼籲日本企業和大學幫忙打造新的印度理工學院分校。日本政府提供資金，各大學也派遣教授支援，終於在二〇〇八年建立印度理工學院海德拉巴分校。

印度理工學院曾經多次跟海外各國一起創立分校。我就讀的坎普爾分校，就是美國在一九五九年協助設立的，蘇聯、德國、英國也有幫忙創立分校。而各分校的畢業生也都到那些國家深造，或是在當地就業。日本也承襲這樣的援助模式。

如何增加留學生

日本提供了兩百五十億日圓（約二・三億美元）的資金，給印度理工學院的海德拉巴分校。遺憾的是，很少有畢業生前往日本發展。海德拉巴分校已經連續三年送出學子，前往日本企業或研究所的學生才十五人左右。

這主要是宣傳不足的問題。海德拉巴分校創校以來，我造訪過很多次，也不乏跟學生互相交流的機會。日本相當關注他們，他們卻不太瞭解日本，就連學校裡的教授，對日本的關注程度也不高。

日本有提供獎學金給印度學生，但學生畢業後寧可前往美國或加拿大深造，也不願前往日本。被派去支援的日本教授，本來應該積極延攬學生前往日本才對，可惜在英文程度和文化問題的影響下，教授和學生之間沒有太密切的交流。到頭來，這「兩百五十億」沒有充分獲得發揮。

日本政府推動「三十萬留學生計畫」，預計二〇二〇年以前增加一倍的留學生數量，可惜計畫推行並不順利。過去三年留學生的數量持續減少，這幾年印度留學生的數量一直維持在五百人左右。

留學生難以增加，我認為是日本方面宣傳不足。印度人幾乎不知道日本大學，就連印度理工學院的教授，也只聽過「東京大學」的名字，「慶應」和「早稻田」則一無所知。

有些日本大學在印度設有事務所，希望延攬印度學生。東大的事務所設在班加羅爾，立命館大學則設在新德里。東大的事務所是獨立的，立命館的事務所則是「G30」（Global30）的分部，「G30」是十三家日本大學為了推動「三十萬留學生計畫」所組成的機構。每間大學要負責一個國家，立命館負責的是印度。

日本大學都在當地設立事務所了，延攬留學生的工作還是不順利。由於辦事人員太過熱心延攬，印度學生反而以為日本大學是學店。宣傳確實有必要，但被印度人看輕是招募不到優秀學生的。

況且，就讀日本大學有語言上的困難。去美國或英國就讀大學能用英文授課，也難怪印度學生對日本大學興趣不高了。優秀的學生根本懶得學習日文，特地跑去日本大學念書。

最近日本的大學，也有越來越多課程用英文授課了。可是，要上這種課程也沒必要跑去日本上。再者，考量到畢業後的發展，去歐美國家的大學或研究所深造，出路更加廣泛。

會特地學習日文，跑到日本大學留學的外國人，都是打算在日本企業就職的。然而，日本的就業系統並不適合留學生。很多經營者告訴我，他們很想要印度人才，但這些意見並沒有落實到人事部門。

同樣是對待新進員工，歐美企業會把新人當成「專業人才」，直接交代專業工作給他們去處理。當然，工作內容一定是很嚴峻的，但做出成果即可享有很高的報酬。反觀日本，新人剛進公司連分發單位都沒決定好，尤其大企業特別有這種傾向。日本企業採終身雇用制，所以會趁員工年輕時，讓他們到各個單位累積經驗。

充滿幹勁的外國青年，受不了日本企業的這些人事制度。尤其來自貧窮國家的留學生很有野心，他們希望盡快幹出成果，得到多一點的報酬。在一間公司腳踏實地幹三、四十年，這是他們絕對無法接受的事情。

日本企業缺乏魅力，也是外國留學生不願意前往日本留學的一大原因。如果畢業以後不在日本工作，那麼留學日本也沒有意義，所以前往日本的留學生一直無法增加。

更進一步分析的話，日本各政府單位的合作也有問題。文部科學省和外務省，都在嘗試增加外國留學生。而經濟產業省，則幫助日本企業吸收海外人才。只是在我看來，每個單位都是各自為政。

「本來三十萬留學生計畫是文科省主導的，結果外務省把主導權搶走了。」

我曾經聽過文科省的官員這樣抱怨。文科省召集各大學院校組成「G30」，在海外設立國際化據點。可是，「三十萬留學生計畫」的主導權在外務省手中。各單位之間爭權奪利，計畫怎麼可能順利推動呢？

經產省和法務省的關係，也像「油門」和「煞車」一樣。法務省有頒發簽證給外國人的權限，但基準實在太過嚴苛了。外國留學生若畢業後還沒找到工作，就要馬上離開日本，沒辦法像美國那樣，畢業後還能滯留一段時間。

即將畢業的學生一起參加求職活動，在同一個時期一起進入公司，這種做法是日本特有的習慣。日本政府不給留學生多餘的時間找工作，就是希望他們也遵照這套系統行動。日本學生找不到工作還能當「求職浪人」，留學生卻沒有辦法。打個比方，這就好像經產省猛踩油門招募外國人，結果法務省死命踩煞車一樣。

日本有將近十四萬的留學生，畢業後待在日本工作的人口每年才一萬人左右，這跟日本僵化的制度也有關係。

習慣日本語言和日本文化的外國留學生，對日本企業來說是很寶貴的。要是沒辦法一下子雇用他們當正職人員，至少也該先讓他們當實習生才對，然後政府各單位一起支援這套做法。另外，放寬簽證的發放標準，讓留學生畢業後可以擔任實習生留在日本。光是做到這幾點，待在日本的留學生數量就會大幅增加。

獲得軟銀兩百億資金的新創企業

延攬外資企業來日本發展，也是安倍政權積極推動的政策之一。不過，這方面也沒有太大的成績。來到日本發展的印度企業，數量還是不多。

二〇一〇年日本開設「丸之內印度經濟專區」，試圖吸引印度企業來日本發展。對印度的新創企業來說，要在地價高昂的東京租借房地產並不容易。這些企業並不清楚日本的法律和稅制，更缺乏商業上的人脈。於是，我的 Sun and Sands 企業聯合三菱不動產和監察法人德勤集團，共同展開這一項支援印度新創企業的計畫。

在丸之內印度經濟專區當中，印度企業能用很便宜的價格租到辦公室，我們也會提供相關人脈和法律上的建議。現在入駐經濟專區的共有九家企業，以前印度的

IT顧問龍頭「塔塔諮詢服務公司」，也有在這裡設立辦公室。

專區中最受矚目的企業，是手機廣告龍頭「InMobi」。這家企業是二〇〇七年創立的新企業，二〇一〇年來到日本發展，創辦者是印度出身的納維・特瓦里先生，他曾在美國顧問龍頭「麥肯錫」服務，也是我的大學學弟。

InMobi 對全球五億人發送手機廣告，服務範圍超過一百六十個國家。一般人不太熟悉這間企業，但在這個領域他們是僅次於谷歌的大廠。

InMobi 來到日本的隔年，也就是二〇一一年的時候，軟銀提供了兩億美元的資金。軟銀率先投資中國電子商務龍頭「阿里巴巴」一事也相當有名，現在阿里巴巴打算在紐約上市，如果成功的話，軟銀保有該公司百分之三十五的股權，這些股權將產生數兆元的利潤。軟銀總裁孫正義先生投資這兩家公司，確實是有先見之明。

進駐丸之內印度經濟專區的企業數量不如預期，這一方面是我的企畫能力不足，一方面是宣傳活動在印度推行不利。再者，也希望日本政府可以安排一個環境，讓印度企業更容易進駐日本，好比安排稅制方面的優惠等等。

InMobi是在班加羅爾創立的公司，但目前總公司搬到新加坡了。新加坡的企業稅率比日本便宜很多，居住環境對外國人也很方便。在吸引外資企業投資這一點，新加坡有許多值得日本學習的地方。

「中國」引起印度人關注

向印度推銷「日本」是我的一大工作，只是最近有一個現象滿令我憂心的。日本對印度的關切度越來越高，印度對日本似乎沒什麼興趣。今年初安倍晉三首相造訪印度，當地媒體幾乎沒有報導。很遺憾，這代表印度對「日本」的關切度不高。

現在印度人關切的是中國，印度和中國之間有領土上的爭議，印度人對中國並沒有什麼太好的印象。然而，隨著中國的經濟成長，印度對中國的關切也增加了。年輕人開始流行學中文，前往中國留學的學生數量也不可同日而語，十年前去中國留學的學生不到一百人，如今已經增加到一萬人左右了。

印度國內可以看到越來越多中國製品，鄉下人使用的手機多半是中國製的。過去大家一聽到「中國製」，就會聯想到便宜和粗糙的品質，現在中國製的產品品質大有改進，價格也依舊便宜。也因為印度人喜歡中國製品，中國成為印度最大的貿易國家。

中國產品的性價比，很符合現在的印度市場。日本產品的品質是有目共睹的，但價格太昂貴了。中國產品的品質大約是日本產品的七成，價格卻只有三分之一，甚至十分之一。就算品質上比日本產品差一點，印度人還是會選擇便宜的中國貨。

印度的大都市，也經常看得到中國的商業人士。高級旅館中有不少中國賓客，很多餐廳還有中文菜單。過去印度人對日本人的印象是「有錢的商業人士」，現在這種印象已經轉移到中國人身上了。

我常帶領日本企業造訪印度，近年來當地企業的負責人，還會遞上印有漢字的名片。只不過上面印的是中文漢字，而不是日式漢字。目前印度的商業人士，很流行在名片的背面印上中文，這也代表他們跟中國企業做生意的機會增加了。

中國企業在印度成功的一大理由是「速度」。在印度做生意，沒辦法花太長的時間去做決策。尤其跟印度企業合作的時候，不立刻做決定是不會有人理你的。

前幾天，有個日本企業的負責人，找我商量到印度發展的事宜，他對我說：「我們公司創業至今有一百年以上的傳統，未來的一百年，我們想把印度當成最重要的市場。」

我可以感受到這家企業很重視印度，但那是我長期旅居日本，瞭解日本人心態的關係。不瞭解日本的印度人聽到這番話，只會覺得傻眼而已。

印度過去十幾二十年，經歷了大幅度的變化，這個變化依然持續進行，沒有人能料到一年以後的狀況。一下子談起「未來一百年」，印度人根本沒興趣。

從這個層面來看，中國企業做任何事都很迅速。中國近年來也經歷過同樣大的變化，可能是雙方有這個共通點，所以兩國很適合生意往來吧。

印度人「麻煩」的民族性

事實上，印度方面也有阻礙日本企業進駐的問題存在。一九八〇年代開始，東南亞各國有許多日本企業進駐。跟那些國家比起來，印度的基礎建設大幅落後，治安也稱不上良好，日本員工無法安心在印度生活。

況且，日本人也覺得印度人有一種「麻煩的民族性」。

「日本連要提供政府開發援助（ＯＤＡ）給印度都有困難啊。」

曾經有政府相關人士跟我抱怨過，印度在接受別國的政府開發援助時，會同時跟好幾個國家接洽，讓他們互相競爭。等比較過後再接受條件最好的援助，受人支援還擺出這種高姿態也算罕見了。

東南亞各國就很歡迎日本的政府開發援助。使用日本的資金，在日本的建議下推動企畫並不困難。那些接受援助的國家，也願意讓日本自由發揮。

不過印度就不一樣了，印度人凡事都有不少要求，就連如何使用援助都很有意見。

東南亞各國和印度，對「日本」這個國家的看法也不一樣。東南亞過去是日本殖民地，對日本抱有「尊敬」和「嚮往」，這就跟印度對待英國的感情是一樣的。然而，印度只「尊敬」日本是先進國家，對日本卻沒有「嚮往」。

東南亞人的性情較為溫和，也沒有強烈的自我主張。至於英語能力，除了菲律賓等少數國家以外，大多數東南亞人都不怎麼擅長英文。相形之下，印度人的個人主義強烈，什麼事情都要議論，交涉時也拚命講英文。也難怪日本人不太想到印度發展了。

中國人和日本人一樣，都不太擅長英文，但他們有完全不在意語言隔閡的韌性。中國人在印度，也是很有名的「談判高手」。

推動「日本村」與「社內新創事業部門」

那麼，該怎麼做才能促進日本企業前往印度發展，在當地擴展事業版圖呢？對於製造業和零售業，我本人有兩個建議。

首先，要促進製造業前往印度發展，不妨在當地建設「日本村」。日本企業在印度設立工廠主要有兩個辦法，一是獨力建設，二是加入工業園區。工業園區之中也有日系企業專屬的地方，新德里郊外的工業園區，就有二十家以上的日系企業進駐。另外，莫迪總理的政治出身地古吉拉特邦，也有日本貿易振興機構（JETRO）在推動工業園區的開發計畫。

所謂的工業園區，顧名思義就是集中管理工廠的規畫區域。至於我構思的日本村，超越現有工業園區的框架，舉凡物流設施、自來水廠、發電廠都由日本建設整備。印度的基礎設施有許多問題，尤其電力對企業來說是一大課題。製造一個電力設備完善的日本村，就沒有能源上的問題了。

日本村的管理方式，可以融合日本和印度的做法。也就是先考量日本員工的生活環境，建造住宅、旅館、日本學校等設施，之後安排研修課程，教導印度員工日本的做事方法。學會日式管理的印度員工，負責處理勞務、法務、市場行銷等業務。日本的技術、專業知識、資本與印度的人才有效結合，就結果來說，日本企業也可以在新興的印度市場成功。

其實日本村的計畫早已存在了。印度南部的大都市班加羅爾等區域，是高科技產業的薈萃之地。這些地方已經有五千萬平方公尺的土地，要用來建造日本村了。

班加羅爾的教育水準極高，是眾所周知的事情，很容易吸引ＩＴ人才前往。推動這項企畫的ＧＭＲ集團，在國內外都有整備大規模基礎設施的實績，是印度相當受矚目的新興財閥。在印度各地興建日本村，也會有更多日本企業在印度增設據點。

再來，不少日本企業對印度市場很感興趣。我建議這些企業在前往印度發展時，先在企業內部成立各別組織，好比內部新創事業部門等等。

我很清楚日式經營的優點。比方說一個案子浮上檯面，多數的日本企業會盡可能收集相關資訊，進行詳細地探討。要通過一個案子，必需說服相關的各個部門，取得各個部門的理解以後，再由公司來下最後決斷。一旦企畫開始推動，日本企業就會用長期經營的方式，堅忍不拔地做到最後。

日式經營方法能減少風險，帶來「安定」的好處。可是，這種決策方法太花時間，不適用於現在的印度。

我認識日本的某家零售業者，從五年前就開始調查印度市場。但他們也只是持續調查，完全沒有決定到底要不要去印度發展。期間，跟他們競爭的中國企業陸續前往印度。一直這樣拖下去，有心跟他們合作的印度企業，也會隨著時間流逝而興趣缺缺。

況且，在印度採用日本的市場調查沒有太大的意義。印度的狀況每天都在改變，一年前得到的資訊，一年後可能就完全沒用了。在日本國內有效的調查方式，拿到印度是否有效也是個問題。

在印度收集資訊本身不是一件容易的事情，請消費者填寫問卷調查，印度人也不見得會像日本人一樣認真作答。執行企畫的員工突然跳槽，也是時有所聞。搞不好有一天醒來，連法條都改變了。

印度企業不會製作詳細的計畫，一有商機他們就會展開行動，遇到問題再想辦法解決。換句話說，就是先衝了再想該怎麼辦，這種做法跟日本比起來風險很高，但決策速度快，機會自然比較多。

從日本企業的觀點來看，印度企業的做法「相當隨便」。不過，現在印度時時刻刻都在變化，這反而是最恰當的方法。

想打入印度的消費市場，日本企業得效法印度的「速決果斷」。話雖如此，深具傳統的老企業很重視決策過程，難免有緩不濟急之嫌。與其這樣，不如成立另一個組織專門處理印度的生意。實際上，德國的西門子就是用這一套方法，在印度取得成功。

日本人應該理解的五大要點

二〇〇七年，印度理工學院校友會辦完大型會議後，我決定自立門戶開設顧問公司。於是二〇〇八年，我成立了「Sun and Sands Group」，給那些有意前往印度發展的日本企業出謀畫策。

最近，我在大學生面前發表談話的機會也增加了。每次發表談話，都有人問我印度究竟是個什麼樣的國家？關於印度的資訊，本書裡已經有詳實的記載了，最後我再統整五個日本人必需知道的重點：

首先，要瞭解印度人的「心態」。日本人習慣以群體的角度來思考事情，而且有遵循現有系統和規則行動的傾向。處理事情的方法相當專業，態度也很謙遜。相對地，印度人多半是個人主義者，我們喜歡議論，遇到不合理的事情絕不妥協。再者，印度人喜歡新事物，對形式或傳統沒有太大執著，做事情也不按照既定形式，寧可承擔風險也要採用新方法。換句話說，日本人和印度人在思想和行動層面上差異很大。

第二個重點，印度是一個「充滿可能性」的國度。根據估計，印度的消費市場規模在二〇二〇年會達到一百三十兆日圓（約一．二兆美元），二〇三〇年則會攀升到世界第一的水準，印度的經濟成長才剛剛起步。

尤其農村地區未來還有很大的發展空間，印度各地正在快速都市化，但仍有七成的人口在農村生活。農村的基礎設施落後，享有農業信貸的人口，也才占所有農民的六分之一。在印度擁有銀行戶頭的人，只占全體國民的四成。

像「聯合利華」或「P&G」這些歐美品牌的生活用品，在印度鄉下也很常見，這些用品光是普及就耗費了數十年光景。幸好現在行動電話普及，跟農村交流也更容易了，而且當地競爭對手有限，販賣消費財的日本企業也大有可為。

第三點，印度是一個「缺乏組織化的國家」。儘管中產階級的上班族越來越多，國民的半數以上還是農民，他們生活在跟組織無緣的世界。不過，今後加入企業組織的人口會迅速增加。農村裡充滿年輕的勞動力，人事費用又便宜，好好教育他們的話，這些人力會成為日本企業的重要資產。

印度的個人主義，對日本企業而言是一大不安要素。只是，印度本來就是一個親日的國家，有些日本企業已經到印度發展，也在當地做出了好口碑，大家對日本都有不錯的印象，講究「團隊合作」的企業文化也不會受到反對。印度能夠接受日本的經營方式，我也希望透過日本的力量，改變組織程度落後的農村地區。

第四點，印度在任何層面上都是一個「落差極大的國家」，跟日本這種大多數國民都是中產階級的國家不同。印度有世界首屈一指的大富豪，也有全球最多的貧困階層。尤其印度人口是日本的十倍，每個階層的人口數量都非常多。各個階層的落差也比日本大很多，同樣是「貧困階層」，差異也相當大。

有心打入印度市場的日本企業，我可以理解他們想要做好萬全準備的心態。可是，耗費太多時間是抓不住機會的，不要使用打入其他國家的做法，直接去就對了。當然，也許會碰到一些其他國家沒有的問題，但印度有非常巨大而廣泛的市場，萬一沒有掌握住原本的目標客群，也有其他客群會接受同樣的商品或服務，生意還是有機會成功。

最後我想說，印度是「全球化人才」的寶庫，很多年輕人從小接受英語教育，長大前往歐美各國留學，相當適應國際化的環境。問題是，能雇用他們的印度企業十分有限，外資企業在前往印度發展時，絕對需要中高所得階級的人才，日本企業也不例外。

歐美企業很需要印度的全球化人才。不少大型的跨國企業，還願意提供二十多歲的年輕人千萬日幣的年收，只要他們有真材實料。印度勞工的人事費用便宜，唯獨全球化人才享有世紀級的報酬。

日本企業講究論資排輩，沒有歐美企業那種靈活變通的雇用方式。不過，任何行業要前往印度發展，都要確保優秀的人才。日本企業應該使用不一樣的計酬方式，多多雇用全球化人才。

除此之外，日本企業也要加快決策的速度。有資格跟日本合作的印度企業，也同樣是其他外國企業眼中的好伙伴。掌握「速度」才是跟他們競爭的致勝關鍵。

結語

看到這裡各位應該也知道，印度和日本是南轅北轍的國家。但我認為，雙方的差異可以建構出全球罕見的良性關係，畢竟「差異大」也意味著「可以互補」。

日本已經進入少子化、超高齡化的社會，未來必定要活用更多外國人才，印度能夠提供年輕的人才給日本。目前在日本留學的印度學生不多，日本必需在印度多加宣傳，擴充獎學金制度，改善日本企業的雇用習慣，這樣才有辦法增加印度留學生的數量。

這陣子，我正在積極說服印度理工學院增設日本學系。日本學系是讓印度人學習日本文化和日本傳統的地方，我希望多培養一些精通日文和日本文化的年輕人，讓他們到日本的大學或企業發展。

現在印度吹起了一股「中國風」，其實印度本來具有深厚的親日情感。錢德拉·鮑斯是印度無人不知、無人不曉的國民英雄，他就是接受日本的援助，才發起脫離英國支配的獨立運動。

一九六〇年代有一部很紅的印度電影叫「愛在東京」，主演女星唱的日文歌曲旋律，也深深烙印在中老年人的心中。

小孩子也很喜歡「哆啦A夢」和「蠟筆小新」這一類的卡通。如果好好培養小孩子對日本的興趣，未來願意前往日本留學的年輕人一定會增加。

當然，我們也希望日本能替印度做一些事情。印度在各方面的發展都不如日本，最嚴重的「貧困」問題還沒獲得解決。日本要是能持續提供技術和資金，對改善貧困問題會有很大的幫助。

這些支援也不單是為印度好，印度真正的經濟成長才剛要開始。從基礎設施到一般消費用品，都有可能成為日本企業的市場。新上任的納倫德拉・莫迪總理，過去在擔任古吉拉特邦首長的時候，也很積極引進外資企業。莫迪政權的誕生，對日本也是一大良機。

我來到日本也二十多個年頭了，現在我四十多歲。我人生的一半時光都是在日本度過的，日本的生活讓我學到很多東西。

印度人喜歡電影是眾所周知的，我也一樣。最近我看了「永遠的零」，真的好感動。我一個人在電影院裡觀賞，感動到淚流滿面。我剛來日本的前幾年，完全聽不懂「木圖，跳舞的大君」當中的坦米爾語，也看不懂日文字幕，現在我看日語電影也沒有任何障礙了。

以前我在印度，很喜歡哲學家伊曼努爾・康德。一方面他也專攻物理學，另一方面我很喜歡他提倡的理性主義思維。我自己也是一個講究務實和邏輯的人。

不過，我在日本生活這麼長的時間，價值觀也有很大的改變。過去的印度也有跟日本相似的價值觀。可惜，最近的印度人凡事都喜歡「抄小路」，同樣獲得成功，不勞而獲的人比較受到尊敬。

日本人重視的是成功前的「過程」，有時候「過程」比「結果」更重要。大人也會告訴小孩子，就算結果不盡理想，努力才是最重要的事情。我這一輩的人多少還知道「印度過去的價值觀」，但曾幾何時，連我也忘了這種觀念。

日本的電車駕駛或站務員，在列車發車之際一定會比畫手勢，複誦發車的安全程序，沒有人看他們也會照做。現代的印度人大概只會覺得，又沒有人在旁邊盯，特地做這些既定動作有何意義？

現在我能理解那些駕駛有多了不起了，他們在沒有人看管的情況下，依然會按照既定程序完成自己的工作，這代表他們對自身的工作有很強烈的榮譽感。把過程看得跟結果一樣重要，我終於瞭解這種心態有多可貴了，希望日本人可以持續重視這些美德。

日本人的優點是說不完的。最後，我再談一件近來讓我印象比較深刻的事情。

大約在四年前，我跟朋友踢足球弄傷下盤，傷勢比我想像得還要嚴重，有一陣子我必需坐輪椅生活。

我以前從來沒坐過輪椅，在家裡休養了幾天後，我決定到外面去溜一溜，沿途我有不少新發現。

例如我搭公寓的電梯，發現面板上較低的位置有一個標示輪椅符號的按鈕，那是顧慮到身障人士的貼心考量。路上的步道落差也不大，我很輕易地抵達兩公里外的築地本願寺。這一次的經驗帶給我不少信心，隔天我決定回公司上班。我在自家前面叫計程車，司機主動幫我摺疊輪椅，收進後車廂裡。輪椅有摺疊功能讓我很吃驚，但司機的親切更令我感動。

我有一位日本朋友是城市設計專家，他堅持採用「通用設計風格」，希望打造出善待身障者和老人的生活環境。在日本，你可以看到很多視障者搭乘電車，這代表日本的基礎建設充實，對身障者充滿關懷，這在印度是絕對看不到的。

印度的大都市裡，每天都有很多人死於汽車或列車事故。也因為事故太常發生，新聞也根本懶得報導，這都是基礎設施落後造成的，印度的大都會已經缺乏對弱者的關懷了。中國曾經有小孩子遭遇交通事故，結果沒有人上前搭救，這件事一度引發議論，印度也有類似情況發生。大家都被生活壓得喘不過氣，沒有多餘的心力去關懷他人。可是，日本人還是保有溫柔和體貼的性情，我在坐輪椅的那段時間，對這一點有很深刻的感觸。

我願意貢獻一己之力，幫助日印兩國建立起更加平等互惠的關係。

我從日本人身上學到很多了不起的精神，這些精神我也想傳給印度人。

最後，感謝各位讀完這本書，謝謝。

SUGOI INDO :Naze gurobaru jinzai ga haishutsu suru no ka
By Sanjeev Sinha

印度如何培養出這麼多全球化人才？

從日常生活、教育、政治看見印度的競爭力

作者	桑吉夫・辛哈（Sanjeev Sinha）
譯者	葉廷昭
主編	劉偉嘉
校對	魏秋綢
排版	謝宜欣
封面	萬勝安
社長	郭重興
發行人兼出版總監	曾大福
出版	真文化／遠足文化事業股份有限公司
發行	遠足文化事業股份有限公司
地址	231 新北市新店區民權路 108 之 2 號 9 樓
電話	02-22181417
傳真	02-22181009
Email	service@bookrep.com.tw
郵撥帳號	19504465 遠足文化事業股份有限公司
客服專線	0800221029
法律顧問	華陽國際專利商標事務所　蘇文生律師
印刷	成陽印刷股份有限公司
初版	2019年7月
定價	320元
ISBN	978-986-97211-6-5

國家圖書館出版品預行編目 (CIP) 資料

印度如何培養出這麼多全球化人才？：從日常生活、教育、政治看見印度的競爭力／桑吉夫・辛哈（Sanjeev Sinha）著；葉廷昭譯.
-- 初版. -- 新北市：真文化，遠足文化，2019.7
面；公分 --（認真職場；4）
譯自：すごいインド、なぜグローバル人材が輩出するのか
ISBN 978-986-97211-6-5（平裝）
1. 經濟發展 2. 人才 3. 印度
552.371　　108007668